Les **secrets** du Charisme

Direction de la publication : Isabelle Jeuge-Maynart et Ghislaine Stora

Direction éditoriale : Catherine Delprat

Responsable d'édition : Bethsabée Blumel

Traduction : Frédérique Hédon

Lecture-correction : Jean-Pierre Baril

Illustrations : Alain Boyer

Conception de la maquette : Violette Bénilan

Mise en page : Olivier Caldéron

Couverture : Véronique Laporte

Fabrication : Marie-Laure Vaillé

Première publication en anglais
par Pearson Education, Grande-Bretagne.

ISBN 978-2-03-595925-6

ANDREW LEIGH

Les **secrets** du Charisme

POCHE

LAROUSSE

SOMMAIRE

PRÉFACE

DÉVELOPPEZ LE CHARISME QUI EST EN VOUS !

Qu'est-ce que le charisme ? C'est l'autorité naturelle qui se dégage d'une personnalité provoquant le respect ou l'admiration des autres. Est-ce un don inné ou le charisme s'acquiert-il ? Nous avons tous du charisme en nous...

Cinq conseils pour cultiver votre charisme...

1. **Développez votre expertise :** elle sera reconnue des autres et votre compétence vous rassurera vous-même dans la relation que vous entretenez avec eux. L'autorité commence par celle de la compétence.

2. **Soignez votre réputation :** une réputation met beaucoup de temps à se construire, et peu de temps à se détériorer. Confirmez par les actes au quotidien l'image positive que l'on a de vous. Sans en être dépendant, vérifiez régulièrement votre score de popularité.

3. **N'hésitez pas sur tout :** ne tergiversez pas, prenez vos décisions et assumez-les. Le commandement ne souffre pas la faiblesse ou le bégaiement comportemental.

4. **Apprenez l'art de l'acteur pour devenir un parfait orateur** et impressionner votre public : surjouez un peu, exprimez-vous avec votre cœur, utilisez des formules percutantes, regardez les gens dans les yeux, jouez des silences.

5. **Ne négligez pas votre apparence** : votre élégance sobre, mais très étudiée, ne sera pas sans effets dans la relation aux autres !

« J'ai vu l'âme du monde sur un cheval », notait le philosophe allemand Hegel évoquant Napoléon sur son cheval à la bataille de Iéna en 1806...

Avec l'aimable autorisation de **Jean-Paul Guedj**, consultant et coach, extrait des *50 Règles d'or du management*, Larousse, 2012.

1. L'ADN DU **CHARISME**

Il n'est jamais trop tard
pour être ce que vous auriez pu être.

George Eliot, écrivain.

Un jour, tandis que Marilyn Monroe faisait du shopping avec un ami, ce dernier s'étonna que personne ne parût la reconnaître. Marilyn lui expliqua qu'à ce moment-là elle n'était pas en représentation. Pour lui montrer ce qu'elle voulait dire, elle se mit en mode « star ». Quelques minutes plus tard, les passants commencèrent à l'entourer, à lui demander des autographes et à se bousculer pour la voir de plus près.

Qu'a donc fait Marilyn Monroe pour changer volontairement de registre, et en si peu de temps ? Très vraisemblablement, on peut supposer qu'en dehors de simples modifications d'attitude, elle s'est surtout mise à faire attention aux personnes alentour, établissant avec elles un contact d'une telle intensité que ces dernières ont pris conscience de sa présence et répondu au message qu'elle émettait, tandis qu'elle-même en faisait autant. Très vite, son grand charisme s'est propagé autour d'elle, telles ces vaguelettes que crée une pierre jetée dans l'eau d'une mare. Auparavant, au contraire, elle ne souhaitait pas exercer son ascendant. Elle le gardait pour elle et pour son compagnon.

COMMENT LAISSER UNE IMPRESSION DURABLE ?

Quand sommes-nous en représentation, ou pas ? D'après l'anecdote qui précède, la réponse dépend à la fois de la situation dans laquelle nous nous trouvons et de ce que nous choisissons d'en faire. Lors d'un entretien d'embauche, par exemple, vous pouvez penser que vous n'êtes pas en représentation tant que l'entrevue n'a pas débuté. En réalité, le rideau se lève avant même que vous soyez entré dans le hall. Les gens commencent à vous juger alors que vous êtes seulement en train de parler à l'hôtesse, de lui serrer la main, ou encore de lire tranquillement un magazine en attendant le début de votre rendez-vous.

Votre charisme vous permettra de provoquer le respect ou l'admiration des autres.

Votre ascendant sur autrui, c'est votre charisme – les deux termes seront d'ailleurs utilisés de façon interchangeable tout au long de ce livre.

Je ne suis pas le seul à vouloir affirmer que vous pouvez vous aussi cultiver votre charisme. D'autres chercheurs ont fait état de leurs succès dans ce domaine du développement personnel, Pour certains, il s'agit essentiellement d'utiliser son énergie et d'être pleinement conscient de ce qui nous entoure ; en d'autres termes, d'être vraiment présent. Pour d'autres, il faut surtout s'appuyer sur des méthodes déjà reconnues, c'est-à-dire sur l'enseignement des éléments fondamentaux d'un bon relationnel, à savoir établir un bon contact visuel, mieux se servir de son sourire, pratiquer les bons gestes et développer ses capacités à parler à tout un chacun.

Accroître votre « effet charisme », c'est-à-dire l'ascendant que vous avez sur autrui, est une chose plus facile que de vous contenter d'appliquer quelques « trucs » de communication, mais qui demande plus d'investissement personnel. Il faut du temps et des efforts répétés pour expérimenter, découvrir et cultiver le charisme que vous avez en vous. À coup sûr, vous pourrez améliorer votre charisme si vous décidez de suivre l'approche développée ici. En résumé, il ne s'agit pas tant de choisir votre destination finale que de définir la route qu'il vous faudra suivre.

Dans les ateliers mis en place par Maynard Leigh au cours des vingt et une dernières années, nous avons travaillé avec plusieurs centaines de personnes pour les aider à développer leur charisme.

La première impression, c'est la bonne !

Alan Leighton, ex-PDG de Royal Mail, se souvient de l'expérience qu'il réalisa dans cette entreprise au sein de laquelle le parcours de 50 personnes sur une période de dix ans fut évalué. Relativement jeunes à leur entrée, la totalité d'entre elles réussirent à évoluer d'un poste de débutant à celui de sous-directeur. « Ce qui peut être considéré ici comme un dénominateur commun, dit Leighton, c'est la première impression, c'est-à-dire celle qu'a eue le recruteur au moment de l'embauche, autrement dit, son intime conviction. Au fond, l'un des critères clé ayant joué dans la décision de les sélectionner, c'est bien la première impression qu'ils ont laissée à leur interlocuteur. »

L'importance de la première impression est liée au charisme. En effet, si vous n'avez jamais, pour ainsi dire, l'occasion de faire une seconde impression, vous avez toujours la possibilité de tirer le meilleur parti de votre charisme : il vous suffit de le décider.

À SAVOIR

Comment peut-on définir le charisme ?

Les Grecs avaient un mot spécifique pour évoquer cette notion. Le mot « charisme » vient en effet du grec ancien *khárisma* (« grâce accordée par Dieu »). Les premiers chrétiens l'ont ensuite utilisé pour définir un ensemble de dons spirituels extraordinaires (prophéties, miracles, etc.) octroyés par Dieu à des individus ou à des groupes. De ce fait, dans son sens le plus traditionnel, l'expression « charisme extrême » renvoie à une aptitude rare, consistant à avoir une forte influence sur les autres ou à susciter chez eux de la dévotion. De nos jours, qu'entend-on par charisme ? C'est l'autorité naturelle qui se dégage d'une personnalité provoquant le respect ou l'admiration des autres. On peut également dire, de façon plus simple : avoir du charisme, c'est avoir un ascendant sur autrui.

Quels sont les indices montrant que j'ai besoin de cultiver mon charisme ?

- J'ai le sentiment que les gens ne m'écoutent pas vraiment quand je participe à une réunion.
- Les jobs ou les projets professionnels qui me sont proposés sont en dessous de mon niveau d'expérience ou de formation.
- Je déteste parler en public.

- Je n'aime pas regarder quelqu'un dans les yeux en lui parlant.
- Les gens me demandent souvent de répéter ce que j'ai dit.
- Les gens s'agitent, m'interrompent ou regardent ailleurs quand je parle.
- J'ai du mal à faire accepter mes idées dans mon travail.
- Quand je dois avoir une conversation avec mes collègues de travail, même de manière informelle, je ne sais pas quoi dire et je me sens mal à l'aise.
- Les gens me disent souvent que je n'ai pas choisi le bon moment, ou le bon endroit, pour amener tel ou tel sujet dans la discussion.
- Si les gens me donnent un conseil ou me font une suggestion sur l'impression que je donne à autrui, la plupart du temps, je dis « oui, mais... ».
- Je me sens souvent sur la défensive avec autrui.
- J'ai du mal à convaincre les autres.
- Je n'attache que peu d'importance au fait d'être classé « personne à fort potentiel », c'est le fond qui compte, non la forme.
- J'ai du mal à me rappeler le nom des gens, même si c'est juste après les avoir rencontrés.
- Je n'aime pas trop être en groupe, je préfère être seul.
- Lors des réunions, j'aime m'asseoir à un endroit où je peux passer inaperçu.
- Quand j'entre dans une pièce, j'ai tendance à hésiter, à marcher lentement et à garder la tête baissée.
- Les expressions de mon visage expriment mal ce que je ressens.
- J'ai tendance à être en retard à mes rendez-vous et je me laisse souvent déborder par le temps.
- J'ai beaucoup de mal à prendre des décisions et j'ai des doutes sur moi-même.

Si une seule de ces lignes vous concerne, il est temps d'apprendre à développer votre charisme.

CHARISME EXTRÊME

Au début du XXe siècle, Helen Keller fut l'une des femmes les plus connues au monde. Elle était aveugle et sourde et avait également des problèmes d'élocution. Or de nombreuses personnes fondaient en larmes dès qu'elles se trouvaient en sa présence, bien qu'elle ne fît rien de particulier pour provoquer une telle réaction, mis à part sa façon de se comporter, à la fois avec une grande dignité et beaucoup d'aisance. Comme on l'a vu précédemment, le charisme extrême se situe tout en haut du spectre charismatique. C'est donc cette forme-là de charisme qui est la plus proche du sens originel du mot, c'est-à-dire un don magique ou un don de Dieu.

Au cours de notre vie, peu de nous ont l'occasion de se trouver en présence d'individus dotés d'un charisme extrême, capables de transformer la vie de ceux qui les approchent. En fonction de votre âge, de vos croyances et de vos convictions personnelles, des personnalités aussi diverses que Jésus, Nelson Mandela, Winston Churchill, Charles de Gaulle, Steve Jobs, Madonna, Michael Jackson ou Oprah Winfrey pourront incarner le charisme extrême...

On a cherché à démystifier le charisme extrême afin d'établir une analyse exhaustive des traits de comportement visibles et moins visibles. Néanmoins, il n'est pas possible de fournir une explication rationnelle permettant de dire en quoi l'ascendant sur autrui s'avère si puissant.
Faire une simple liste ne suffit pas. Cette démarche est un peu comparable aux études scientifiques qui tentent de donner une description détaillée des mécanismes mis en jeu lorsqu'on tombe amoureux : bien que connaissant la plupart des facteurs tangibles de l'émotion amoureuse – dilatation des pupilles, augmentation du rythme cardiaque, modifications de la respiration qui s'accélère et devient plus superficielle –,

le fait de le savoir ne rend pas pour autant capable de tomber amoureux sur commande.

CARACTÉRISTIQUES DES PERSONNALITÉS CHARISMATIQUES

INDICES	Martin Luther King	Margaret Thatcher	Elvis Presley	Muhammad Ali
Contact visuel	••	–	•••	•••
Expressions faciales actives	•	••	•••	•••
Bonne utilisation des gestes des mains	•	••	•••	•••
Sourire spontané	–	–	–	–
Variations de la tonalité vocale et du rythme de la parole	•••	•	••	••
Rapidité de débit oratoire	•	–	•	•••
Voix autoritaire	••	–	•••	••
Utilisation de pauses verbales	••	•	•	•••
Attitude corporelle centrée	•••	••	•••	•••
Diction claire	•••	•	•••	•
Écoute active	••	•	••	•
Vocabulaire étendu	•••	•	•••	••
Adaptabilité	••	•	••	••
Énergie physique marquée	•••	•••	•••	•••
Capacité à exprimer l'enthousiasme	•••	•••	•••	•••
Langage corporel ouvert	••	•	•••	•••
Voix résonnante	•••	••	•••	••
Confiance en soi	•••	•••	•••	•••
Expertise dans le domaine abordé	•••	•••	•••	•••
Utilisation d'anecdotes et de métaphores	•••	•	••	•••
Capacité de convaincre	•••	•••	•••	•••

Reproduit avec l'autorisation de Nikki Owen, auteur de *Releasing Your Hidden Charisma* (2008).
Site Internet : www.audiencewithcharisma.com

Le culte de la célébrité et sa couverture médiatique brouillent encore les pistes. Il n'est pas aisé de délimiter en quoi la notoriété et la renommée sont sources de charisme, ou vice versa. « Je ne peux pas démêler ce qui en moi s'est fondu dans le rôle qui m'a été attribué, témoigne à ce sujet Keith Richards, guitariste des Rolling Stones. Je pense que, d'une certaine façon, votre personnage, votre image, celle que les gens se projettent de vous, est comme une balle attachée à une corde… Ils adorent cette image-là. En m'imaginant ainsi, ils m'ont pour ainsi dire façonné comme ils me voyaient. À eux tous, ils ont créé ce héros populaire. »

On peut aussi émouvoir des millions de personnes à travers le monde, comme les Beatles, Michael Jackson ou Gandhi, sans que l'on puisse dire pour autant que ceux-ci font preuve d'un grand charisme quand on se trouve en leur présence. De près, la plupart de ceux qui ont la chance (ou la malchance) de posséder un charisme extrême s'avèrent bien moins imposants qu'on ne pouvait le penser, voire faire preuve de faiblesse de caractère.

Vous pouvez même posséder un grand nombre de qualités liées au charisme extrême sans être quelqu'un de très charismatique. Par exemple, Richard Nixon, qui est devenu président des États-Unis après avoir connu une première défaite électorale, était un excellent orateur à la voix convaincante. C'était pourtant un homme peu charismatique, aux dires de ceux qui l'approchaient, qui eut du mal à atteindre ses objectifs politiques malgré un travail acharné.

L'un de nos collègues nous a rapporté comment, lors d'un vol vers l'Inde, un homme bougon, utilisant un iPad au niveau maximum d'éclairage, avait réussi à déranger les passagers qui essayaient de dormir. Par ailleurs, cet homme faisait preuve d'un comportement irrespectueux et exigeant vis-à-vis du personnel de bord. Notre collègue a découvert par la suite qu'il s'agissait d'un PDG mondialement connu, en particulier pour son comportement attentif avec son personnel...

Paul Newman, décédé en 2008, a été marié pendant cinquante ans à l'actrice Joanne Woodward. Son épouse se plaignait de ne pas voir ce que tout le monde semblait voir chez l'acteur. Car, au quotidien, il se comportait en individu tout à fait normal, et son charisme était peu visible. D'ailleurs, pendant les nombreuses années au cours desquelles il fit des courses automobiles, les autres pilotes ne réalisaient pas qu'il était LA STAR Paul Newman. Cependant, lorsqu'il s'agissait de recevoir un prix ou de devenir l'acteur Paul Newman, on assistait littéralement à la transformation qui lui permettait d'apparaître sous son aspect de star.

L'ART DE CONVAINCRE

Même si vous ne cherchez pas à faire preuve de charisme extrême, certaines de ses composantes vous sont accessibles :

- **Savoir ce que l'on veut faire ;**
- **Être capable d'établir un véritable contact visuel ;**
- **Faire preuve de vitalité ;**
- **Savoir sourire ;**
- **Faire preuve d'une forte empathie, etc.**

L'un des éléments les plus importants du charisme extrême est la capacité de convaincre grâce à son langage, sa voix et sa présence. Même chez certaines personnes au charisme étonnamment fort, leur pouvoir de persuasion sur la foule n'est pas obligatoirement un don inné et ils ont dû travailler pour l'améliorer.

L'image que l'on a en général d'un individu doté d'une grande force de conviction, c'est qu'il s'agit d'un être ayant une forte personnalité, affirmant son opinion avec vigueur et imposant son point de vue sans vergogne. C'est se représenter l'art de la persuasion sous un angle étroit, comme s'il s'apparentait à un match de boxe ne pouvant être gagné que par le plus féroce des combattants.

En réalité, la persuasion est d'un ordre bien différent. Elle relève plus de la pédagogie que de la boxe. Les individus doués d'un charisme extrême, qui ont un fort pouvoir de conviction, font avancer les gens vers la solution qu'ils préconisent, étape par étape, en leur faisant apprécier en quoi leur point de vue est le meilleur moyen de résoudre un problème. Leur mode de persuasion ne se fonde pas seulement sur un discours vivant et plaisant, agrémenté d'anecdotes et de métaphores ; ils savent également utiliser des symboles à forte connotation culturelle, des images et des mots d'une portée universelle.

BON CHARISME, MAUVAIS CHARISME

Dès lors que l'on s'intéresse au charisme, on est rapidement confronté à un dilemme : comment délimiter la frontière entre charisme extrême, intégrité et éthique ? Autrement dit, le fait de posséder un charisme extrême permet-il de faire autour de soi plus de mal ou plus de bien ?

L'Histoire est remplie d'assassins charismatiques dont la personnalité eut un impact majeur sur de nombreuses personnes, provoquant chez eux d'importants dégâts. Tels ces psychopathes qui, plutôt que de s'appuyer sur leur forte personnalité pour avoir une influence positive, utilisent la coercition et des conduites hautement répréhensibles pour atteindre leur but.

Parmi les personnages historiques qui firent beaucoup plus de mal que de bien, dotés d'un charisme extrême, on peut citer Gengis Khan, Caligula, Al Capone, Hitler, Staline, Mao Tsé-Toung, Saddam Hussein et Pol Pot, entre autres.

Les mégalomanes charismatiques deviennent souvent les meneurs de cultes dangereux, tel Charles Manson, célèbre criminel américain qui fonda une communauté hippie, « la Famille », en 1967. Ivres de pouvoir et de concupiscence, ces individus exercent un contrôle physique et sexuel sur leurs fans. Dans la plupart des cas, les croyances de ces leaders à demi fous prennent racine dans l'interprétation erronée des doctrines établies.

La dimension éthique – peut-on posséder un charisme extrême et faire le mal autour de soi ? – fait du tort à la notion même de charisme. Elle mène souvent à une discussion intéressante mais stérile dans le but de savoir si tel ou tel personnage célèbre faisait preuve d'un charisme extrême ou s'il n'en possédait qu'une version faussée. En fin de compte, le charisme seul ne suffit pas ; il faut également avoir du caractère et se montrer compétent. Cela signifie qu'il faut choisir d'utiliser son charisme de façon éthique, et non pas le contraire.

BON CHARISME	MAUVAIS CHARISME
• Être au service des autres.	• Être manipulateur.
• Donner des responsabilités aux autres. Déléguer.	• Forcer les autres à obéir.
• Ouvrir la communication.	• Fermer toute communication.
• Suivre son cœur.	• Satisfaire sa soif de pouvoir et d'enrichissement.
• S'intéresser à autrui.	• Ne penser qu'à soi.

Au fond, chacun de nous doit exercer son jugement personnel afin de trancher entre le bon et le « mauvais » charisme. Sachez que ce livre est basé sur le principe suivant : le charisme n'est en lui-même ni bon ni mauvais, ce qui importe, avant tout, c'est l'usage qu'on en fait.

LES FONDEMENTS DU CHARISME

Lors des ateliers de développement d'«Impact personnel », quand on demande aux participants de définir ce qu'ils entendent par ascendant, ils répondent parfois qu'il s'agit de la tenue vestimentaire, du contact visuel et de la présentation. Et ils n'ont pas tout à fait tort. Ces éléments du look entrent effectivement en ligne de compte dans la manière dont les gens nous perçoivent, parfois de façon majeure.

Le jugement que nous portons sur autrui s'effectue de manière si rapide qu'il ne faut pas s'étonner si les consultants en image insistent tant sur la **présentation générale et même sur le choix des couleurs** pour s'habiller. Néanmoins, il ne s'agit là que d'un aspect du charisme, parmi les plus voyants.

- **Il en est un autre, beaucoup moins visible, qui consiste à être capable d'échanger avec les autres.** Or même les fans de technique, les geeks ou les hyperspécialistes ont, à un moment ou un autre, besoin de communiquer avec autrui. Pour la plupart d'entre nous, les interactions entre personnes font partie de la vie quotidienne, que ce soit à la maison, en réunion, en croisant son patron dans le couloir, en parlant à un client, en allant à un entretien d'embauche ou en passant un coup de fil.

Dans notre ère digitale, celle des vidéoconférences, des textos et des réseaux sociaux, il pourrait nous sembler que l'importance des rencontres réelles n'est plus aussi grande. En réalité, ces nouveaux modes de communication donnent encore plus de valeur aux relations interpersonnelles et rendent encore plus critiques les moments que nous leur consacrons.

- **Quand votre message passe bien,** les gens vous écoutent avec attention, veulent avoir votre avis, répondent à vos demandes, etc.

Avoir du charisme, c'est posséder ce que l'on appelle de la « présence ».

Ce degré d'impact exige que l'on ait **trois qualités inséparables** que nous définirons comme l'essence du charisme :

1. **Connaître ses objectifs,** c'est-à-dire savoir ce que l'on veut réussir.
2. **Être soi-même,** c'est-à-dire être authentique, avec ses propres traits de caractère.
3. **Faire preuve de magnétisme,** c'est-à-dire être capable de créer une véritable alchimie relationnelle.

Elles sont inséparables, car chacune d'elles influence les deux autres – et bien sûr indispensables à qui veut exercer son ascendant sur autrui.

Voici un schéma s'efforçant de représenter les **trois qualités essentielles du charisme :**

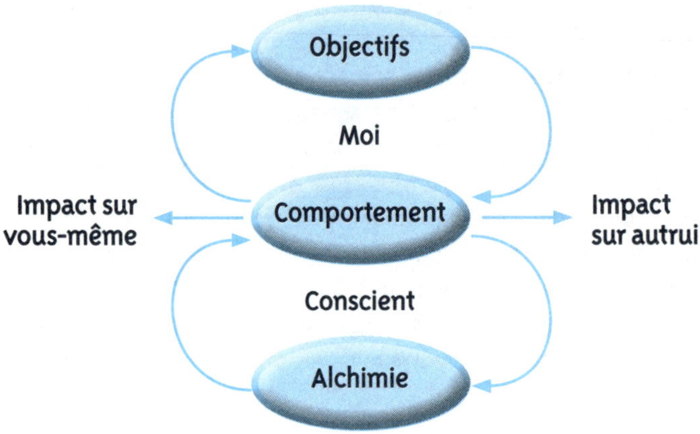

Les objectifs que vous poursuivez, souterrainement à l'œuvre dans l'expression de votre charisme, influencent non seulement votre comportement mais aussi celui de ceux qui vous entourent. Ces comportements, à leur tour, agissent naturellement sur l'alchimie qui se crée entre les êtres. En d'autres termes, le charisme d'un individu est continuellement revivifié par l'effet qu'il produit sur autrui. Ceci étant, si l'on peut parfaitement contrôler ses comportements, il n'est pas envisageable de contrôler ceux d'autrui, ni de se rendre maître de l'alchimie relationnelle pouvant s'établir entre des personnes. On ne peut qu'espérer les influencer, tout au plus, et en gardant à l'esprit qu'il faut redoubler d'attention vis-à-vis des autres et de soi-même.
Améliorer votre charisme passe donc par le fait d'en savoir davantage sur chaque maillon de la chaîne, c'est-à-dire l'objectif poursuivi, le comportement et l'alchimie relationnelle, afin de comprendre comment les modifier.
Dans la mesure où l'on évoquera constamment dans ce livre

le chemin à parcourir pour améliorer son charisme, voici un moyen simple de le résumer. Cela en rendra la mémorisation plus facile lors de vos relations quotidiennes avec autrui.

Vous souvenez-vous de la dernière fois où vous vous êtes senti au mieux de votre forme et où vous avez fait une forte impression sur autrui ?
Essayez de faire l'exercice ci-dessous et voyez si cela révèle quelque chose d'intéressant quant à votre « effet charisme ».

EXERCICE CHARISME

1. Choisissez quelqu'un dont le charisme vous impressionne, c'est-à-dire quelqu'un qui se montre capable d'avoir un fort ascendant sur autrui. Optez de préférence pour quelqu'un que vous connaissez personnellement, plutôt qu'une personnalité du monde de l'audiovisuel, du sport ou du cinéma.

2. Faites la liste de tous les aspects de cette personne que vous jugez responsables de son « effet charisme ».

Nom de la personne :

Qu'est-ce que vous jugez responsable de son « effet charisme » ? Pourquoi fait-elle un effet profond et durable sur autrui ? Par exemple : son comportement direct, son charme, son énergie... ? Soyez aussi précis que possible.

3. **Selon vous, combien d'aspects de cette personne semblent relever de son comportement acquis ? Combien semblent relever de son alchimie personnelle ?**

Vous a-t-il été difficile de trouver un exemple où vous vous étiez révélé capable de faire forte impression ? Rappelez-vous les fois où vous avez décroché un job, connu une expérience amoureuse, fait des rencontres lors de vos vacances, finalisé un projet, etc.

FAITES L'APPRENTISSAGE DU CHARISME

Le charisme est une chose innée, pour une part, mais c'est aussi le fruit d'un apprentissage volontaire. Virtuellement, tout le monde peut apprendre à déverrouiller son potentiel charismatique. Le facteur essentiel pour y parvenir est incroyablement simple : il suffit de le vouloir.

Essayez d'avoir du charisme ne signifie pas que vous aurez besoin de devenir une personne complètement différente, ni de modifier votre personnalité profonde : vous serez toujours vous-même, même si vous ressentez une plus grande confiance en vous après avoir essayé de vous comporter autrement. Tout repose, en fait, sur votre volonté de tester de nouvelles méthodes, d'explorer de nouveaux comportements et de trouver les moyens qui vous permettront d'être plus conscient de votre influence réelle sur autrui. Jacqueline Gold, PDG britannique de la chaîne de magasins Ann Summers, le résume ainsi :

> « Lancez-vous des défis à vous-même et de grandes choses arriveront.»

Vous serez peut-être tenté de croire qu'il faut avoir lu la totalité de ce livre avant de commencer à mettre en application les idées et les suggestions qu'il propose. Ce serait agir comme l'un des participants à nos ateliers de développement d' « Impact personnel ». Quelques semaines après le début de nos activités, alors qu'on lui demandait comment cela se passait pour lui, il nous répondit : « Ça va, tout va bien, mais je n'ai pas encore eu l'occasion de mettre quoi que ce soit en application. »

• **Développer votre charisme nécessite que vous soyez actif.** Il vous faut trouver les moyens de le mettre en pratique quotidiennement. Des modifications de comportement, même minimes, peuvent avoir des conséquences extrêmement encourageantes.
Soyez à l'affût des occasions qui pourraient vous permettre de tester les idées présentées dans ce livre, et ceci chaque fois que vous pouvez entrer en contact avec quelqu'un, que ce soit au téléphone, dans un magasin, au restaurant avec des amis, en voyage, au cours de réunions professionnelles, autour de la machine à café, etc.

• **La prise de conscience nécessaire à l'amélioration de votre charisme exige que vous restiez sur le qui-vive** et que vous fassiez attention à ce qui se passe autour de vous à tout moment, principalement pendant cette phase d'expérimentation. Un participant à nos ateliers ayant fait les exercices conseillés ici au chapitre 12, sur le langage corporel et le contact visuel, s'est ainsi plaint de l'état de confusion mentale dans lequel il se trouvait quand il essayait de tenir une conversation, car il analysait et cherchait à modifier son discours alors même qu'il était en train de parler…

- **La solution réside dans le fait de pratiquer le plus souvent possible et d'emmagasiner le maximum d'expériences.**
Rien n'est instantané dans l'amélioration du charisme. Il faut nécessairement y consacrer du temps. Les individus dotés d'un fort charisme, précisément, veillent avec attention à la gestion de leurs efforts et du temps qu'ils y consacrent. Ils prennent soin de bien choisir leur degré de participation à une interaction et de bien doser l'effort qu'ils fournissent à la préparation de telle ou telle rencontre.

2. **LES OBJECTIFS** DU CHARISME

J'ai toujours voulu être quelqu'un,
mais je réalise maintenant
que j'aurais dû être plus précise.

Lily Tomlin, actrice.

« Seuls les chiens fous et les Anglais sortent au soleil de midi », fredonnait le dramaturge Noël Coward, par ailleurs compositeur, chanteur, scénariste, acteur, auteur et voyageur infatigable. L'étrange charisme de Noël Coward, à la fois puissant et ostentatoire, stupéfiait la plupart des gens qui le rencontraient. Certains tentèrent malencontreusement de l'imiter, avec des résultats plus que décevants. Pour autant, on lit dans ses *Mémoires* que des soldats épuisés ou des compagnons de voyage peu réceptifs trouvaient la forme de son charisme bien peu attractive. D'ailleurs, quand il s'essayait à faire de l'humour, Coward était parfois consterné de constater que ceux à qui il s'adressait ne comprenaient pas ses astuces. Cet exemple met en valeur le fait que toute communication doit se donner des objectifs et s'adapter à son auditoire. Si vous souhaitez améliorer votre charisme, vous devez identifier non seulement vos objectifs mais aussi la ou les personnes avec qui vous voulez les atteindre. C'est le point de départ obligatoire de votre démarche.

LA CAPACITÉ À SE MONTRER VISIONNAIRE

« Vision sans réalisation n'est qu'hallucination. » disait l'inventeur Thomas Edison. Si les êtres pourvus d'un fort charisme ont quelque chose en commun, c'est sûrement ce que le premier président Bush nommait avec regret “ la capacité à se montrer visionnaire ”, sachant que, pour sa part, il manquait autant de vision que de charisme. Être capable d'avoir une vision de l'avenir est l'un des principaux moteurs du charisme. On pourrait dire, en quelque sorte, que certains êtres parviennent à se représenter les idéaux qu'ils cherchent à atteindre.

Alexandre le Grand, par exemple, rêvait de conquérir le monde entier. Jeanne d'Arc, de son côté, imaginait une France libérée de la tutelle anglaise, quitte à mourir pour cette cause dont elle parlait avec une grande ferveur. Florence Nightingale, infirmière britannique, vécut sa vie entière avec l'idée de prévenir les morts inutiles sur les champs de batailles. Thomas Watson, qui fut le codécouvreur de l'ADN, avait l'espoir de trouver un traitement du cancer.
Oscar Wilde avait une soif absolue de reconnaissance – même s'il ne savait pas toujours bien s'y prendre – et cette dernière a largement boosté son indubitable charisme. Bien qu'il n'ait jamais réellement traversé Londres un lys à la main, comme il le prétendait, il se vantait d'avoir réussi à convaincre le monde entier qu'il l'avait fait – ce qui, en l'occurrence, est bien plus difficile à réaliser.
Martin Luther King exprima sa vision d'une société sans discrimination dans une formule restée célèbre : « J'ai fait un rêve » , dit-il tout simplement. Celle du président Kennedy, quant à elle, prit la forme d'un défi national de dimension épique : il s'agissait, employant une image frappante,

d'« envoyer un homme dans la Lune avant la fin de la décennie ».
La capacité à imaginer l'avenir alimente le charisme. Plus grandes sont vos capacités dans ce domaine, plus elles exacerbent votre charisme et votre habileté à être un leader.

En réalité, parler de vision correspond tout simplement à ce que vous projetez de réaliser. Comme le disait George Bush, avec un certain mépris : " Parler de vision est une façon prétentieuse de dire : "Vous savez quels sont mes objectifs." " Ce fut ce qu'il répondit à l'un de ses amis, quand ce dernier lui suggéra de se rendre à Camp David afin de décider où il voulait conduire le pays qu'il dirigeait. Pour renforcer votre charisme, vous devez peaufiner vos objectifs.

Au cours de ce cheminement personnel vers le but que vous vous fixez, il peut vous être utile de :
- Décider comment vous voulez être perçu par les autres ;
- Découvrir comment les autres vous perçoivent vraiment.

COMMENT VOULEZ-VOUS QUE LES AUTRES VOUS VOIENT?

Au quotidien, la plupart d'entre nous portent un masque. Nous ne voulons pas que les autres nous voient sous notre vrai jour. Le masque cache ce que nous ressentons, tenant secrète la peur que nous avons de ce que les autres pourraient percevoir de nous, tels notre sentiment d'incompétence ou notre manque de motivation. Afin d'améliorer votre charisme, vous avez peut-être besoin de découvrir à quoi ressemble votre masque – et ce qu'il cache. Essayez de faire l'exercice ci-après.

EXERCICE

« Derrière le masque »

1. En premier lieu, essayez de savoir comment vous voudriez être perçu par les autres.
2. Dans la colonne de gauche du tableau ci-dessous, écrivez cinq à huit qualificatifs. Par exemple : gai, fort, précis, consciencieux, impliqué, drôle, honnête, organisé, intelligent, réfléchi, plein d'entrain, impertinent...
3. Réfléchissez bien à ceux que vous sélectionnez.
4. En deuxième lieu, tentez de savoir comment vous craignez d'apparaître aux yeux d'autrui. Par exemple, ils peuvent penser que vous êtes impitoyable, ambitieux, bizarre, négligent, grossier, gauche, peu innovant, immature...
5. Comparez ensuite les deux colonnes. Que révèlent-elles de vos envies et de vos craintes ? À quel point sont-elles justes ? Quel est l'aspect le moins désirable et quel est le plus désirable ?
6. Y a-t-il des surprises ?

Comment j'aimerais être vu	Comment je crains d'être vu

7. Jusqu'à quel point pensez-vous que vos deux listes sont exactes ?

Parce qu'ils sont en contact avec vous, les autres vous donnent parfois des renseignements importants sur vous-même. Par exemple, alors que vous pensez être perçu comme quelqu'un de calme et de réfléchi, ceux qui vous croisent vous considèrent aussi comme quelqu'un de distant. Ou bien, alors que vous croyez être drôle et léger, ceux que vous rencontrez dans la vie vous trouvent plutôt sérieux et réfléchi.

Votre score de charisme

Dans le but d'affiner vos enjeux charismatiques, procédez à l'évaluation de votre charisme : c'est-à-dire comment les autres vous voient vraiment.
Plutôt que de spéculer sur l'impact de votre charisme, rassemblez systématiquement des faits et des évidences vous indiquant la façon dont les autres vous perçoivent. Il est clair que partir à la recherche de ce type d'informations a quelque chose d'inconfortable. Il n'en est pas moins vrai que c'est l'un des meilleurs moyens d'établir des bases solides pour votre score de charisme.

Une autre possibilité consiste à participer à un atelier avec un spécialiste du charisme, ce qui vous permettra également d'avoir le bilan réel de vos besoins en termes de développement personnel.
Le « bilan réel immédiat » présenté ici est établi à partir des sept comportements type qui sont communs aux individus ayant un fort impact sur autrui. Il y en a d'autres, bien sûr, que nous décrirons dans l'ouvrage par la suite.

Pour évaluer votre score, vous devrez demander à des personnes de confiance comment elles vous perçoivent. Si vous parvenez à vaincre vos réticences à leur demander de l'aide, le résultat que vous obtiendrez vous sera d'un grand secours. Il n'y a rien de honteux à vouloir développer votre charisme. Toutefois, vous pouvez décider de chercher une autre appellation pour en parler aux personnes dont vous sollicitez l'avis. Vous pouvez leur dire, par exemple, que vous cherchez à « améliorer vos relations avec autrui ».

Tout d'abord, commencez par compléter pour vous-même le questionnaire ci-dessous. Plus tard, vous pourrez comparer vos premiers résultats avec ce que les autres vous ont dit. Ensuite, choisissez au maximum cinq personnes que vous connaissez bien, dont vous savez qu'elles répondront avec sincérité. Donnez-leur ou envoyez-leur le questionnaire suivant. Vous pouvez également le faire en ligne, y compris pour obtenir une analyse des résultats, en contactant Maynard Leigh Associates.

Bilan réel immédiat

Je suis en train d'évaluer l'impact personnel que j'ai sur autrui, c'est-à-dire comment j'apparais aux autres. Ayez la gentillesse d'être le plus sincère possible et de me noter sur une échelle de 1 à 10. Il vous suffit de cocher la case souhaitée : 1 = faible, 10 = fort.

	1	2	3	4	5	6	7	8	9	10
FACILITÉ D'ÉLOCUTION – Parle aisément et bien.										
CONFIANCE – Capable d'accepter des points de vue différents, ouvert aux défis, non susceptible, capable de spontanéité.										
PRÉSENCE – Très au fait de la situation en cours ; se montre sérieux ; fait preuve d'envergure et de solidité.										

	1	2	3	4	5	6	7	8	9	10
AUTHENTICITÉ – Fidèle à lui-même ; ne cherchant pas à se faire passer pour ce qu'il n'est pas ; fiable et sérieux.										
COURAGE – Qui cherche à innover, à poser des questions ; qui accepte les challenges ; qui accepte de regarder les choses sous un autre angle ; qui prend des risques.										
PASSION – Partage ses valeurs personnelles ; sait y associer les autres ; fait preuve d'énergie ; visiblement engagé ; enthousiaste.										
MAINTIEN – Se tient droit ; bonne présentation ; toujours bien habillé et distingué.										

Qu'est-ce qui, à votre avis, fonctionne bien dans la façon dont les gens me perçoivent ?

Qu'est-ce qui, à votre avis, fonctionne le moins bien dans la façon dont les gens me perçoivent ? (Soyez sincère, je ne m'en offusquerai pas, promis !)

Envoyez, s'il vous plaît, ce formulaire dûment complété à :

Analyse du score

Après avoir reçu les réponses au questionnaire, voici ce qu'il faut faire :

1. Pour chaque questionnaire rempli, additionnez les points obtenus en prenant ceux de chaque colonne. Si c'est la colonne 3 qui est cochée, cela compte pour trois points dans votre addition.
   Pour chaque questionnaire complété, le total maximal est de 70 (7 × 10).

2. Divisez le total par 70 et multipliez-le par 100 pour obtenir le score de charisme que ce questionnaire vous attribue.
   Exemple : Total : 45
   Maximum possible : 100
   Score de charisme : 45 / 70 × 100 = 64 %

3. Si cinq personnes ont complété votre questionnaire, additionnez les différents totaux et divisez ensuite par ce nombre.
   Exemple : Total pour 5 questionnaires : 200
   Maximum possible : 350 (70 × 5)
   Score de charisme : 200/350 × 100 = 57 %

Comment interpréter votre score

Le score maximal possible est de 100 %. Il serait surprenant que vous l'obteniez, car bien peu de gens y arrivent.

- **Les scores supérieurs à 75 % signifient que vous avez un fort charisme** et qu'il serait sans doute préférable de concentrer vos efforts sur certains points marquants de votre personnalité.
- **Les scores inférieurs à 75 % indiquent que vous avez plutôt intérêt à cibler certains aspects spécifiques de votre charisme, à la fois les points forts et les points faibles.**

Voyez ensuite quelles sont les réponses aux deux questions situées à la fin du questionnaire. Y a-t-il une trame commune ou des thèmes similaires parmi les divers commentaires ?

Il n'y a pas de meilleur moyen que celui-ci pour obtenir un score de charisme qui soit réaliste. Dans votre cas, on a peut-être indiqué que vous êtes toujours souriant, que vous avez une attitude posée, que vous acceptez le contact visuel et parlez de façon éloquente, etc.

Un bon score s'appuie sur un mélange spécifique de traits de caractère et de comportements, à la manière des couleurs réparties sur la palette d'un peintre.
Si votre profil charismatique n'est pas très bon, il n'y a pas lieu de pratiquer l'autopunition pour autant. Le questionnaire est un outil qui vous permet de répondre à des questions importantes concernant vos objectifs, votre degré de charisme et vos besoins en terme de développement.

QUE VOULEZ-VOUS FAIRE DE VOTRE CHARISME ?

Il est aisé de comprendre de quoi il retourne. Il s'agit tout simplement de ce que vous souhaitez atteindre grâce à votre présence auprès des autres. Comme nous l'avons vu précédemment, il est tout à fait possible qu'un individu mette son charisme naturel sur « on » ou sur « off », c'est-à-dire décide s'il s'en sert ou non. En consacrant du temps à lire ce livre, que voulez-vous réellement atteindre ? En quoi cela est-il important pour vous ? Enfin, ce qui n'est pas le moins important, que recherchez-vous dans le domaine des relations interpersonnelles ?

Quel que soit l'objectif que vous vous êtes fixé, il devrait influencer la façon de vous comporter. En retour, les réactions des autres peuvent signifier que vous devrez modifier votre objectif ultérieurement. Heureusement, vous avez une part de contrôle sur vos comportements et, si vous en avez le désir, vous pourrez toujours décider de les adapter.

Vous êtes une personne à part entière, un être unique. Si vous essayez d'agir comme Madonna ou Nelson Mandela, si vous copiez Steve Jobs ou si vous imitez votre chef pour avoir plus de prestige, il y a de bonnes chances pour que vous vous plantiez et alliez droit dans le mur. C'est pour cela que notre approche du charisme insiste tant sur le fait d'être vous-même.

Si vous ne parvenez pas à avoir une vision claire ou simplement à identifier un enjeu charismatique précis, cela peut expliquer en partie pourquoi votre influence sur autrui n'est pas à la hauteur de ce que vous espérez. Par exemple, ne pas vraiment savoir ce que vous attendez d'une rencontre avec votre patron peut constituer une source d'erreurs et de malentendus.

Dans ces circonstances, quand vous voulez faire une bonne impression sur autrui, tâchez d'être plus clair :

Objectif ⟶ Obstacles ⟶ Solutions

- **Objectif :** quel effet rechercher, qu'est-ce que je veux réussir ?
- **Obstacles :** qu'est-ce qui peut se mettre en travers de mon chemin pour y arriver ?
- **Solutions :** comment faire pour surmonter ces obstacles ?

Les commerciaux ne seront pas surpris par cette séquence qui fait partie de leur travail quotidien, consistant précisément à découvrir les objections des clients afin d'identifier les moyens de les résoudre.
Ceux qui ont un fort charisme se montrent excellents quand il s'agit d'identifier leurs objectifs de communication, même s'ils

ne l'expriment pas toujours dans ces termes. Consciemment ou non, ils ciblent des buts spécifiques et imaginent comment les autres réagiront. Ils sélectionnent les attitudes et les messages dont ils pensent qu'ils leur permettront de se montrer efficaces.

Votre objectif général en matière de charisme pourrait être de faire une bonne impression sur autrui, de savoir vous vendre, de vous faire écouter avec respect, d'améliorer votre profil professionnel, etc. Cependant, tout cela n'est pas très précis et ces objectifs doivent être mieux détaillés.

Objectif : avoir du charisme

Prenons l'exemple d'une prochaine réunion professionnelle. Le résultat recherché pourrait être :

- Le client signe le contrat.
- Tout le monde se lève et applaudit.
- À la sortie, on vous serre la main avec chaleur.
- C'est à vous que l'on confie la responsabilité de démarrer le projet mardi prochain.
- Au moins dix volontaires se manifestent pour le faire avec vous.
- Le client accepte de vous revoir le mois prochain.
- Vous terminez la réunion avec au moins cinq nouveaux clients potentiels.

Remarquez bien qu'aucun de ces résultats ne correspond à des généralités : il s'agit à chaque fois de résultats précis. C'est ce type d'objectifs que vous devez chercher à rendre possible en améliorant votre charisme, c'est-à-dire en utilisant vos capacités personnelles pour les adapter à une situation donnée. En clarifiant le résultat que vous souhaitez obtenir, vous mobiliserez plus facilement votre charisme pour y arriver. Ne vous y trompez pas, avoir du charisme, c'est essentiellement être capable d'atteindre les résultats que l'on s'est fixés.

Essayez de faire l'exercice de clarification ci-dessous. Bien évidemment, il n'est pas question de faire une analyse aussi détaillée à chaque fois ; il faut la réserver aux situations dans lesquelles il est nécessaire de faire une forte impression. Clarifier votre objectif de la sorte vous aidera à débrider votre charisme afin d'obtenir le résultat recherché.

EXERCICE

Clarifier son « objectif charisme »

- Sur une feuille vierge, commencez par dessiner quatre colonnes.
- Dans la première colonne, celle de gauche, notez une situation professionnelle précise où vous voulez vous montrer capable d'avoir un meilleur impact sur autrui. Par exemple, une réunion de groupe, un entretien avec votre chef, une rencontre avec un client, etc.
- Dans la deuxième colonne, notez le résultat précis que vous souhaitez obtenir. Essayez de le voir sous l'angle des autres personnes concernées. En quoi sont-elles impliquées ?
- Dans la troisième colonne, notez ce qu'un succès vous apporterait, à quoi il ressemblerait et comment vous le ressentiriez.
- Dans la colonne de droite, notez les obstacles que vous pourriez éventuellement rencontrer.
- Complétez le tableau de façon aussi détaillée que possible.

Voir tableau ci-contre :

Situation.	Résultat spécifique.	À quoi ressemble le succès. Comment je le ressens ?	Obstacles.
Exemple : Réunion régulière de l'équipe.	Exemple : Que les gens écoutent mes idées et les prennent au sérieux.	Exemple : Si je faisais une suggestion lors de la réunion, les autres participants en parleraient vraiment et je me sentirais respecté.	Exemple : Les autres ont tendance à m'interrompre facilement.
Notez ici ce qui vous est propre.			

Votre intention est-elle vraiment claire ?
Pourrait-elle l'être encore plus ?
Comment pourriez-vous résoudre l'obstacle décrit ?

L'exercice ci-dessus devrait vous aider à savoir ce à quoi pourrait ressembler un succès lié à votre impact charismatique. Il peut aussi vous indiquer la manière dont vous pourriez le ressentir. Posez-vous la question suivante : « Comment faire pour savoir que j'ai réussi ? »
Essayez de conforter votre « objectif charisme » en le réduisant à l'équivalent d'un gros titre dans un journal : une phrase d'une ligne capable de résumer à elle seule ce que vous voulez atteindre grâce à votre charisme.
Parler d'un objectif charisme explicite peut sembler s'opposer à l'effet « magique » que nous attribuons souvent au charisme extrême (voir le chapitre 1).

En réalité, les individus dotés d'un charisme extrême savent exactement ce qu'ils veulent obtenir et s'y consacrent entièrement.

Fabriquez-vous mentalement une séquence de film

Imaginez qu'une rencontre importante aura lieu prochainement : vous allez parler au professeur principal de votre enfant, faire une présentation à votre équipe dirigeante ou rencontrer un nouveau client. Un moyen utile de s'y préparer consiste à inventer une histoire, ou séquence filmée, de ce que vous souhaitez exactement qu'il arrive – avec une introduction, un développement et une fin. Imaginez-la en train de se dérouler dans votre esprit.

Supposez maintenant que vous venez de recevoir un e-mail vous demandant de vous joindre à un nouveau projet, ce pour quoi vous devez commencer par obtenir l'assentiment de votre chef. Le film mental pourrait donner ceci :

Début de la séquence

- Je souris en entrant dans le bureau de mon chef.
- Je m'assieds.
- Je me sens détendu(e).

Milieu

- Mon responsable hiérarchique m'écoute avec intérêt.
- J'explique les bénéfices du projet, pour lui et pour sa société,

et il dit « oui »de nombreuses fois.
- Quand je le vois sourire et acquiescer de la tête, j'en profite pour le questionner sur une possible date de démarrage qu'il accepte volontiers de fixer.
- Je le remercie en souriant.

Fin

- Je me lève pour sortir, toujours en souriant.
- Au moment où j'arrive à la porte, je me retourne pour lui dire au revoir.
- Je vois alors le sourire qu'il m'adresse.

Si ce scénario vous paraît peu probable, cela n'a pas d'importance (votre chef, en réalité, ne sourit presque jamais ; il ne consacre qu'un temps infime à écouter ce qu'on lui dit ou à manifester un quelconque intérêt).
Contentez-vous de vous repasser mentalement ce film, en noir et blanc, en couleurs, sous la forme d'un film muet ou d'un documentaire, tout en imaginant le résultat idéal que vous souhaitez. N'hésitez pas à le « regarder » lorsque vous êtes réellement dans la même pièce que votre responsable hiérarchique.

Vous n'avez nullement besoin d'être un grand imaginatif pour créer ce type de scènes mentales. C'est juste comme si vous rêviez tout éveillé ! Laissez votre esprit fabriquer l'histoire par petits bouts, jusqu'à ce que quelque chose en sorte, décrivant ce que vous désirez voir se produire.

Plus vous jouez avec ce scénario mental, plus votre charisme se mobilisera pour le produire. Votre charisme n'est nullement une partie séparée de vous, bien au contraire ; il faut qu'il s'intègre à ce que vous tentez de réussir. Le film mental est l'un des moyens d'y arriver.

Visionner ainsi vos objectifs charismatiques peut sembler quelque peu fantaisiste, mais des recherches ont montré que ces exercices mentaux peuvent effectivement influencer la réalité. Le film que vous déroulez constamment dans votre tête peut directement influencer la façon dont vous vous comportez, y compris en termes de langage corporel, et, de ce fait, finir par modifier votre « effet charisme ». Avant de l'avoir essayée, n'écartez pas cette méthode mentale qui peut réellement vous aider à avoir un meilleur impact personnel. Ça marche vraiment !

Cibler des objectifs multiples

Dans l'exercice précédent, pour clarifier les objectifs de votre impact personnel, vous deviez choisir seulement un grand thème à analyser en détail. Dans la réalité quotidienne, évidemment, il y a de bonnes chances pour que vous ayez à jongler avec plusieurs types de situations parfois éloignées les unes des autres.
Par exemple, vous pouvez souhaiter que votre charisme ait plus d'influence sur votre directeur, qu'il vous serve à rehausser votre statut professionnel au sein de votre équipe, à construire une relation à long terme avec un client ou à obtenir l'agrément d'un collègue sur un point quelconque.
Bien que la poursuite d'objectifs différents soit possible, il peut s'avérer difficile de diriger votre énergie charismatique dans plusieurs directions. Chercher à tout faire en même temps peut aboutir à une dilution de votre ascendant, au lieu de le renforcer.

Par conséquent, vous devez classer les objectifs poursuivis par ordre de priorité.

1. Faites la liste de vos objectifs.
2. Classez-les selon leur importance, du plus haut au plus bas.

3. Le plus important est celui auquel il faut s'attaquer en premier, et ainsi de suite.

Objectifs charismatiques	Classement (1 = objectif élevé)
Plus d'influence sur mon supérieur hiérarchique	2
Meilleur profil dans mon équipe	3
Construire une relation avec un client	1
Obtenir un accord pour un projet futur	4

3. BIEN S'EXPRIMER

Il y a quelqu'un qui m'ennuie.
Je crois que c'est moi.

Dylan Thomas, écrivain et poète.

Les personnalités charismatiques s'expriment généralement de façon très claire. Ce qui est sûr, c'est que pour réussir aujourd'hui, il faut une certaine facilité d'élocution. Il ne s'agit pas seulement de parler en public – bien que cela puisse être important –, faire preuve d'aisance verbale est presque obligatoire dans la vie professionnelle.

Pour améliorer votre charisme, vous devrez vous montrer habile avec les mots, les phrases, les idées, les valeurs, les problèmes, les sentiments et la communication en général.

Le système de la communication fonctionnant toujours à double sens, ce que vous transmettez doit être entendu par l'autre. Pour être vraiment compris, les personnes auxquelles votre message est destiné doivent être capables de le comprendre. S'ils ne vous ont pas entendu, c'est comme si vous ne l'aviez pas dit.

QUELQUES RÈGLES SIMPLES À RETENIR

• **Lisez** : allez à la rencontre de mots nouveaux et cherchez ce qu'ils signifient, grâce à la lecture de livres bien écrits qui enrichissent votre vocabulaire.

• **Inscrivez-vous à des cours** : intéressez-vous à des sujets variés que ce soit l'art, la musique, le théâtre, la littérature, les langues, la philosophie, les sciences ou la psychologie qui vous offriront de nouveaux moyens de comprendre et d'exprimer des idées.

• **Écoutez** : saisissez toutes les opportunités qui s'offrent à vous d'aller écouter des individus qui s'expriment bien – en évitant de faire trop confiance aux hommes et aux femmes politiques, aux sportifs et autres célébrités qui, pour la plupart, répètent comme des perroquets des phrases banales.

• **Parlez** : faites en sorte de vous impliquer dans des conversations intéressantes, demandant du raisonnement et de la réflexion.

Savoir expliquer simplement des idées compliquées

Pour le général américain Colin Powell, « les grands leaders sont presque toujours de grands simplificateurs qui savent trancher dans l'argumentation, le débat et les doutes, pour offrir une solution que chacun peut comprendre ». Parce que la capacité d'attention moyenne des humains tourne autour de quinze secondes, voire moins, il est nécessaire d'apprendre à faire passer des messages rapidement. Presque tout le monde peut rendre un sujet compliqué, même quand il s'agit de préparer un bon thé. Les traités de savoir-vivre britanniques consacrent au moins six pages à ce sujet !

> Les individus charismatiques savent rendre les choses moins complexes et simplifient sans vergogne leur message afin qu'il puisse toucher un maximum de personnes.

Par exemple, bien que peu de gens comprennent les biotechnologies, cela n'empêche pas les scientifiques les plus pointus d'en parler – comme le physicien américain Michio Kaku, dans l'émission qu'il anime –, de telle sorte que la plupart d'entre nous puissent à peu près suivre de quoi il est question.

Parmi les pires ennemis de la simplification, certains sont des experts qui s'épanouissent dans l'obscurantisme, voire l'encouragent. C'est avec cette arrière-pensée que la banque ING Direct, société de services financiers et bancaires en ligne, a délibérément choisi de recruter un personnel non spécialisé, dans le but d'avoir des employés capables de remettre en question les règles établies.
Une façon de reconnaître qu'en étant trop familiarisé avec un sujet donné, on est parfois atteint d'une forme de myopie qui nous empêche, en tant qu'expert, de voir les choses sous l'angle où le client les voit.

Pour simplifier des sujets complexes, il faut se débarrasser du jargon. Si ce dernier, bien évidemment, est tout à fait adapté et utile dans la mesure où il permet de communiquer plus rapidement entre professionnels, il est aussi susceptible de diminuer l'ascendant sur autrui, y compris auprès de collègues s'y connaissant bien.

Syn-thé-ti-sez

Une autre manière de simplifier un discours consiste à en expliquer seulement les grandes lignes. Inutile de vous attarder sur les aspects techniques et complexes, cherchez surtout à faire ressortir les aspects importants du problème à résoudre.

Lorsque le metteur en scène Cecil B. DeMille proposa le film *Samson et Dalila* qui connut un succès immense, à la direction de la Paramount, il se contenta d'en résumer le scénario en disant : « C'est un garçon qui rencontre une fille ; mais pas n'importe quel garçon, et pas n'importe quelle fille ! »

Cette hyper simplification allait conquérir Hollywood, par la suite, et tous ceux qui avaient des idées de film devaient les présenter en quelques phrases ou en quelques mots :

- Une fille rencontre une fille et elles jettent leur voiture en bas d'une falaise (*Thelma et Louise*).
- Les Martiens conquièrent le monde mais tous meurent d'un virus (*la Guerre des mondes*).
- Un adorable petit poisson perd ses parents mais finit par les retrouver (*le Monde de Nemo*).

EXERCICE

L'art de la synthèse

Pour vous amuser, et parce que cela vous aidera à en faire ressortir le thème central, essayez de résumer les films suivants en une ou deux phrases. Comptez le nombre de fois où vous avez réussi à le faire.

FILM	RÉSUMÉ
Matrix	
le Seigneur des anneaux	
le Parrain	
Pulp Fiction	
les Dents de la mer	
Terminator	
Alien	
Fight Club	
les Hauts de Hurlevent	
Pretty Woman	

Vous pouvez aussi choisir une demi-douzaine de films que vous connaissez bien pour en faire un résumé personnel.

COMMUNIQUEZ DE FAÇON CONVAINCANTE

Si un directeur scientifique nommé par le gouvernement britannique dit au Premier ministre que le pays a besoin de développer l'utilisation de son énergie nucléaire, ses paroles ont plus de poids que si elles provenaient de la bouche du PDG de British Nuclear Fuels Ltd, dans la mesure où il le fait en tant que conseiller indépendant.

Cependant, se montrer convaincant ne repose pas seulement sur vos qualités professionnelles ni sur vos fonctions. En étudiant le comportement de certains responsables de grandes entreprises, on a constaté qu'un grand nombre d'entre eux savaient se montrer extrêmement convaincants bien qu'ils ne soient pas pourvus d'un fort charisme.

Devenez un orateur

Quand quelqu'un cherche à faire partager sa passion ou son enthousiasme pour une cause, il capte l'intérêt de ceux qui l'écoutent et cela l'aide grandement à les convaincre. Apprenez à stimuler votre propre pouvoir de conviction en commençant par définir ce qui vous fait vibrer et ce qui vous intéresse dans le message que vous souhaitez transmettre. Si vous n'êtes pas vraiment convaincu par ce que vous voulez dire, comment voulez-vous que les autres le soient ?

- **Essayez de distinguer les différentes parties de votre message** afin de mettre en évidence un point particulier capable de susciter votre intérêt et votre enthousiasme.
- **Imaginez, par exemple, que vous devez présenter à des clients le nouveau produit** que votre société a mis au point, ce qui ne vous enchante guère. Plutôt que de croiser les doigts en espérant que tout se passera bien, essayez de trouver un aspect de ce produit, même minime, qui vous paraît intéressant ou convaincant, et concentrez-vous dessus.

Pour convaincre autrui, commencez par vous convaincre vous-même.

Attention au contenu !

Bien que les mots en eux-mêmes n'entrent que pour une faible part dans le fait de se montrer convaincant, le contenu de votre message peut tout de même affecter votre crédibilité.

- Vous appuyez-vous sur un nombre suffisant de faits pour présenter votre sujet ?
- Votre discours est-il logique et facile à comprendre ?
- Son contenu est-il suffisamment bref pour que les gens puissent y être attentifs ?

• **Par exemple, lors d'un entretien d'embauche, êtes-vous capable de vous appuyer sur des faits solides pour présenter votre expérience professionnelle ?** Vous ne pouvez pas vous contenter de parler dans le vague ou, pire, de laisser paraître une certaine vantardise.

• **Disposez-vous d'exemples pratiques, de statistiques, d'avis d'experts ou de témoignages pour étayer votre discours ?** S'il s'agit de discuter d'un problème avec votre supérieur hiérarchique, avez-vous les preuves permettant de soutenir ce que vous avancez, ou vous contentez-vous de simples assertions ?

S'il s'agit d'un groupe de travail, étayez vos avis avec des faits et des preuves tangibles. Étoffer le contenu de ce que vous avez à dire vous demandera sans doute plus de temps que d'habitude, mais une mauvaise préparation représente un piège mortel qu'il faut éviter à tout prix – en particulier s'il s'agit de faire un exposé en public.

• **Parler de manière logique tout en étant facile à suivre renforcera votre ascendant sur autrui.** En effet, non seulement la capacité d'attention de la plupart des gens est très courte, mais en outre, ils ne retiennent pas plus de deux ou trois points parmi ceux abordés au cours d'un échange verbal. Dans votre discours, l'ordre que vous suivrez pour délivrer des informations est donc déterminant.

L'élément de base pour convaincre consiste à délivrer l'information la plus importante en premier.

FAITES COMME AU THÉÂTRE

Ceux qui s'expriment avec aisance savent souvent comment rendre leur impact plus vivant en se servant de phrases faisant appel à la créativité. « Nous sommes toujours en train de danser », prétendait Chuck Prince en parlant des différences qui pouvaient exister au sein du conseil d'administration de Citybank, dont il était le directeur. Une image marquante peut jouer un rôle important dans la construction de l'effet charismatique de chacun.
Prétendre que ce qui paraît impossible est en réalité possible – à savoir créer un monde meilleur –, c'est ce que le professeur Hans Rosling, médecin et théoricien dans le domaine de la santé mondiale, a cherché à démontrer au moment de clore son discours aux conférences TED, en avalant un sabre en métal. Sa démonstration, devenue fameuse, a été regardée par plus de 500 000 personnes sur Internet (vous pouvez le voir vous-même en allant sur le site de sa fondation : www.gapminder.org).

Utilisez métaphores et comparaisons

Les métaphores et les comparaisons permettent de créer des images mémorables dans l'esprit des gens, en décrivant une chose comme si elle était autre. Ces figures de style nous aident à expliquer des concepts et à transmettre des notions complexes. Elles permettent une compréhension réciproque meilleure, en nous offrant une sorte de sténographie verbale bien utile.

Quelques exemples :

- Les valeurs morales de cette famille sont solides comme un roc.
- Il y a quelques fruits pourris dans cette équipe.
- Sur ce projet, on va exploser les limites de vitesse !

Vous pouvez associer vos métaphores à des références poétiques, littéraires ou artistiques, naturellement, mais il faut savoir que chacun de nous se sert de métaphores au cours de conversations fort banales, souvent inconsciemment. Les métaphores sont d'une telle efficacité pour faire passer une information, d'ordre matériel ou conceptuel, qu'elles sont intimement mêlées à notre langage usuel, en anglais comme en français. Ainsi, lorsque Lee Iacocca, président de Chrysler, chercha de l'aide auprès du gouvernement américain pour sauver son entreprise, il ne demanda pas une aide financière mais un *filet de sécurité* afin d'empêcher la compagnie d'avoir à licencier plusieurs centaines de personnes.

Les comparaisons

Les comparaisons quant à elles, utilisent l'adverbe *comme* pour comparer deux choses entre elles :

- Il y croit dur comme fer.
- Elle est réglée comme du papier à musique.
- Il est lent comme un escargot.

Si vous avez une idée ou un message que vous souhaitez communiquer à vos collègues, essayez de choisir pour vos comparaisons un objet ou une action qui n'a rien à voir avec le sujet initial. Imaginez, par exemple, que vous avez besoin de vendre à votre équipe une nouvelle idée d'activité, et que, par ailleurs, vous aimez pratiquer la descente de rapides en canoë : quelles sortes de connexions entre les deux pourriez-vous trouver ? Réussir à le faire, même si c'est un peu tiré par les cheveux, pourrait aboutir à des phrases dont tout le monde se rappellera et qui sauront convaincre.

Parler haut et clair

Nous sommes tellement habitués à entendre notre voix que nous ne prêtons que peu d'attention à notre façon de parler. La plupart du temps, nos conversations sont informelles, de niveau standard, et cela nous suffit à communiquer. Nos amis nous comprennent facilement, en général ; ils nous acceptent tels que nous sommes et tels que nous parlons. En revanche, si nous voulons améliorer notre charisme, nous devons être beaucoup plus attentifs à ce que nous disons et à la façon dont nous nous exprimons, ce qui inclut :

- **La diction :** êtes-vous capable de prononcer les mots et les phrases clairement, ou non ?
- **La tonalité :** votre voix est-elle plutôt aiguë ou plutôt grave ?
- **Le volume sonore :** parvenez-vous à vous faire entendre, ou pas ?
- **Le ton :** c'est l'état d'esprit que votre voix exprime : amicale, contrariée, coléreuse, etc.
- **Le rythme :** parlez-vous vite, très vite, lentement ou très lentement ?

Diction

L'une des raisons pour lesquelles les gens ne parlent pas de façon claire provient du fait qu'ils ne vérifient pas avec assez d'attention si leur message a été effectivement reçu. C'est pourquoi rechercher le contact visuel avec notre interlocuteur peut réellement nous aider à avoir une meilleure diction.

Pour vérifier que vous parlez de façon claire : il vous suffit d'avoir le courage de demander leur avis à ceux à qui vous parlez. Un autre moyen de le faire consiste à vous enregistrer pour déterminer si oui ou non, votre discours est clair, précis et facile à suivre. Enfin, vous pouvez toujours demander à votre interlocuteur, au cours d'une conversation, s'il estime que vous parlez clairement.
Si ces démarches peuvent vous paraître un peu intimidantes, elles vous fourniront cependant toutes les informations dont vous avez besoin.

Vous pouvez également pratiquer ces trois exercices pour améliorer votre diction :

- **Regardez-vous dans un miroir** pendant que vous parlez : votre voix vous fait quelle impression ?
- **Entraînez-vous à articuler.** Dans l'Antiquité, Démosthène, orateur grec bien connu, cherchait à améliorer la clarté de son discours en s'entraînant à parler avec des cailloux dans la bouche jusqu'à ce que les autres le comprennent. Plutôt que de risquer d'avaler malencontreusement un caillou, vous pouvez essayer de placer horizontalement un crayon en travers de votre bouche pour vous forcer à articuler plus clairement. (Soyez prudent, ne vous étouffez pas avec le crayon !)
- **Entraînez-vous à parler plus lentement.** Faire en sorte que les mots mettent une ou deux secondes de plus à sortir de vos lèvres peut réellement vous aider à avoir un meilleur impact personnel. Marquer des pauses pendant les phrases est également une technique efficace car cela permet à la personne qui vous écoute de digérer ce que vous dites.

Parler de façon intelligible est si important qu'il vous sera peut-être utile de passer un peu de temps avec un spécialiste de la diction, même si, naturellement, vous pouvez vous attaquer à ce sujet par vous-même.

EXERCICE

Voix

1. Arborez un grand sourire pour lire à voix haute ce qui suit : « Cette équipe se débrouille vraiment bien, nous avons réussi à dépasser tous nos objectifs et sommes en passe de réaliser un mois record. Bravo à tous ! »
2. Lisez maintenant ces mêmes phrases en fronçant les sourcils et en serrant les mâchoires.
3. Notez à quel point les expressions du visage modifient la tonalité de votre message.

Tonalité

Les personnes manquant de charisme ignorent souvent qu'elles parlent de façon monotone. Les raisons pour lesquelles une voix est ennuyeuse, pour la plupart, sont tout à fait banales : contenu sans grand intérêt, tendance à se contenter de lire le texte écrit, tonalité de voix terne et dépourvue de musicalité.

Si vous vous contentez de lire votre présentation, vous pouvez être sûr que l'assistance s'ennuiera : la lecture réduira votre voix à un bourdonnement continu qui sapera sans faillir votre charisme. Les acteurs eux-mêmes peinent à rendre intéressant un texte qu'ils doivent lire en entier ! Pour varier la tonalité de votre voix, pensez à bouger votre corps. Ça marche !

D'autres moyens existent

- **Respirez** plus profondément, et relaxez-vous.
- **Appuyez** sur les phrases et les mots les plus importants, en leur insufflant votre énergie.
- **Faites passer plus d'émotion** dans ce que vous dites.
- **Accentuez** la partie finale de vos affirmations et de vos questions.

Encore une fois, il s'agit d'une partie délicate du développement personnel, et il ne faut hésiter à faire appel à un coach qualifié qui pourra vous aider rapidement à acquérir un mode d'expression orale plus performant et plus varié.

Volume sonore : haut ou bas ?

Karen Derby, entrepreneuse à la forte personnalité qui a vendu la société qu'elle avait créée, Simply Switch, pour 22 millions de dollars, parle « comme si elle voulait s'assurer que sa voix peut porter jusqu'au fin fond de la salle, même si nous sommes tous les deux seuls dans une petite pièce », commentait un journaliste du *Guardian* en octobre 2007.
À l'extrême opposé, la célèbre humoriste Dorothy Parker avait l'habitude de parler si doucement que ses interlocuteurs devaient se pencher vers elle pour entendre ce qu'elle disait. Ils pouvaient bénéficier ainsi de son humour décapant et particulièrement brillant, qui était l'élément marquant de son charme. Paradoxalement, en parlant aussi bas, elle faisait exactement ce qu'il fallait pour capter l'attention de ses auditeurs.
Cependant, parler trop fort ou trop bas peut nuire à votre charisme. Il est donc utile de vérifier si le volume sonore de vos paroles est bien réglé. Arrive-t-il souvent que des gens vous demandent de parler plus fort ou de répéter ce que vous avez dit ? Si c'est le cas, cela indique sans doute que votre voix est plutôt douce, même si elle vous paraît tout à fait normale.

EXERCICE

Renforcement de voix

1. Tenez-vous debout et bien droit. Cela permet aux poumons de prendre leur volume maximal et évite de bloquer le diaphragme.

2. Prenez une grande inspiration et remplissez complètement vos poumons.
3. Parlez en faisant comme si l'air passait par votre estomac.
4. Parlez de façon régulière, en prenant soin de ne pas laisser sortir tout l'air inspiré dans la première partie de la phrase, ce qui provoque une sorte de cri sauvage en fin d'expiration. Comme vous avez profondément inspiré, vous pouvez bénéficier d'autant d'air que nécessaire pour énoncer toute la phrase sans vous précipiter.

NB. Il faut du temps pour maîtriser cette technique. Vous devez donc vous entraîner régulièrement.

Si vous pensez que votre voix est stridente ou désagréable, vous devez chercher les signes indiquant que c'est le cas. Les gens ont-ils tendance à reculer quand vous leur parlez, même légèrement ? Ont-ils tendance à cligner des yeux ? Vous pouvez aussi prendre votre courage à deux mains et demander à des collègues en qui vous avez confiance qu'ils vous donnent sincèrement leur avis.

EXERCICE

Apprendre à parler fort

1. Dites doucement chacune des phrases suivantes :
- Je n'ai pas dit ça.
- Laissez-moi tranquille.
- Donne-moi ça.
- Sortez d'ici.
- Je le veux maintenant.

2. Pour les mêmes phrases, augmentez votre volume sonore en fonction de la taille du mot :

- Je n'ai pas dit ÇA.
- Laissez-moi TRANQUILLE.
- DONNE-moi ça.
- SORTEZ d'ici.
- Je le VEUX maintenant.
Notez à quel point le sens de la phrase est modifié en fonction du volume choisi.

Intonation

L'intonation traduit votre état d'esprit, selon que vous êtes amical, de bonne humeur, en colère, patient, etc. À ce titre, elle peut jouer un grand rôle dans votre capacité à avoir un impact personnel sur autrui.
Malgré tous les efforts qu'il faisait pour paraître détendu, lors de ses apparitions publiques, la voix du Premier ministre britannique John Major paraissait toujours étranglée, semblant presque appartenir à quelqu'un d'autre.

Il est bien difficile d'apparaître comme quelqu'un de gai, de confiant et de persuasif, si votre voix chuchote à l'auditoire : « Entendez-vous à quel point je suis anxieux et tendu ?»

Pour avoir une voix riche et suave, il faut non seulement savoir utiliser son diaphragme et ses cordes vocales, mais aussi doser la quantité de son qu'on laisse résonner dans sa tête, sa gorge et sa bouche. C'est un peu compliqué, je vous l'accorde, et c'est pourquoi s'entraîner avec un expert peut s'avérer utile.

L'exercice d'intonation qui suit est plus simple. Si vous avez le sentiment que cela ne vous est d'aucune aide, il est temps de rechercher une aide extérieure. Vous pouvez vous adresser à un coach de la voix ou à quelqu'un ayant une qualification professionnelle dans ce domaine. Un bon coach vocal pourra vous montrer comment faire varier votre intonation, de façon à ce que vos interventions verbales deviennent plus musicales et plus attractives.

EXERCICE

Intonation

1. Fredonnez légèrement et de façon continue.
2. Mettez votre main autour du cou, comme si votre main était une cravate.
3. Ressentez se relâcher tous les muscles de votre cou, ainsi que ceux qui sont au-dessous de vos mâchoires.
4. Prononcez « umm- hmm » avec votre voix naturelle. Vous devriez sentir une vibration dans votre visage et dans la main qui entoure votre cou. Sentez combien la partie « hmm » du son « umm-hmm » passe facilement.
5. Parlez maintenant en gardant le même « hmm »dans la voix. Gardez la même sensation, celle de ce « hmm » tranquille dans la partie antérieure de votre visage. Ne forcez pas. Laissez votre voix monter progressivement à partir de ce fredonnement facile. Si vous perdez ce « hmm », vous allez perdre en même temps la connexion qu'il a avec votre respiration.

6. Relaxez la partie supérieure de votre corps, y compris vos épaules, votre cou et vos muscles abdominaux : votre voix aura une intonation plus agréable et plus douce.

Rythme

Les marchands de voiture qui parlent de manière incroyablement rapide, les hommes politiques et les avocats font sortir les mots de leur bouche comme s'il s'agissait de munitions. Ceux qui parlent lentement, au contraire, semblent les extirper un par un, ce qui nous oblige à être suspendu à leur discours. Ces deux types d'orateur essaient d'utiliser le rythme de leurs paroles de façon à exercer une forme de contrôle sur leurs interlocuteurs, espérant ainsi améliorer leur ascendant.

Lors d'une conversation normale, les sons surgissent par accès et s'enchaînent rapidement, ce qui explique pourquoi le fait de parler plus lentement est si souvent efficace quand on veut augmenter son effet charismatique.

Voici quelques techniques pour ralentir son discours :

- **Augmentez les temps de pause**, afin de permettre aux gens de penser à ce que vous avez dit.
- **Faites varier le rythme** de vos paroles, en ralentissant par moments et en accélérant à d'autres.
- **Ne cherchez pas à mettre trop d'énergie** dans votre façon de parler, cela permettra aux mots de se former avec régularité et sans à-coups.

Si vous avez le sentiment de parler trop lentement, commencez par en discuter avec vos collègues. En réalité, cela pourrait faire partie de vos atouts.

Il existe également des moyens pour accélérer son rythme de parole :

- **Mettez plus d'énergie** dans votre façon de parler : les mots sortiront de façon plus explosive.
- **Faites des exercices de prononciation** pour vous échauffer avant de parler, comme le font presque systématiquement les acteurs professionnels et les présentateurs.
- **Lisez une liste quelconque à voix haute** et chronométrez-vous. Faites-le aussi souvent que nécessaire, et de plus en plus vite.

Le silence est d'or...

Les personnalités très charismatiques prennent vite conscience que le silence peut servir à mieux faire passer leur message, dans la mesure où il permet à certains de ceux qui le reçoivent d'avoir du temps pour y réfléchir, et à d'autres de remplir à leur façon les espaces laissés vacants.

> L'humoriste américain Josh Billings le dit à sa façon : « Le silence est de loin l'argument le plus difficile à réfuter. »

Le silence est capable de créer un sentiment d'espace et d'ouverture pour vous-même et pour les autres. Il peut également donner du poids à la façon dont les autres vous perçoivent. En ne vous précipitant pas pour remplir les plages de silence qui peuvent survenir dans une conversation, vous donnez aux gens le temps de penser et vous leur offrez, du même coup, une marque silencieuse de votre respect.

… ou de plomb

Mais il existe également une autre forme de silence qui, de son côté, peut gravement endommager votre effet charismatique en vous faisant apparaître comme un individu agressif, insensible, ou simplement inamical. Pouvez-vous vous remémorer un épisode de votre vie où vous avez utilisé le silence comme une arme ? Peut-être à la suite d'une dispute avec un ami proche ou avec la personne que vous aimez ? Une fois que vous aurez pris conscience de ce que vous faites, il sera plus facile de vous y attaquer pour le corriger. Peu à peu, vous veillerez à ne plus vous laisser piéger, et votre schéma comportemental se modifiera.

De fait, je vous conseille de travailler les points suivants :

- **Prenez conscience de vos silences.**
- **Prenez conscience de la manière dont vous réagissez** au silence.
- **Essayez de vous sentir plus à l'aise** s'il y a un moment de silence.
- **Utilisez le silence sur un mode positif,** et non sur un mode négatif.

EXERCICE

Silence

1. Appelez un ami et dites-lui que vous voulez faire une expérience.
2. Expliquez-lui que vous allez tous les deux regarder vos montres et rester silencieux pendant

15 secondes. Allez-y. Bien que vous soyez tous deux prévenus de ce qui vous attend, vous serez surpris, l'un comme l'autre, de constater à quel point il est difficile de rester silencieux.
3. Faites le même exercice, mais cette fois face à face et pendant une minute complète. Qu'avez-vous ressenti pendant l'expérience ? À quel moment avez-vous commencé à ressentir de l'inconfort ? Quels en étaient les signes ? Avez-vous été capable de regarder l'autre personne pendant cette période, ou vous êtes-vous rendu compte que vous cherchiez à éviter son regard au bout d'un moment ? Avez-vous ri, souri ou fait des bruits exprimant de la nervosité pendant ce test ?
4. Tâchez d'utiliser le silence dans un but bien précis, par exemple pour marquer votre impact au cours d'une conversation, ou pour obtenir un avis en retour sur un point particulier.

Quand on se sert du silence à bon escient

- **On apprend à mieux utiliser son sens de l'observation et sa concentration.** Lors d'un silence positif, votre cerveau ne tourne pas comme un moteur à plein régime, il est, au contraire, dans un état de tranquillité et de sérénité. Le calme que vous émettez est perçu par les personnes qui vous entourent et elles peuvent à leur tour y répondre.
- **Le silence peut aussi servir à faire taire les autres.** Par exemple, si quelqu'un vous parle sans arrêt en ne vous laissant aucun répit, vous pouvez vous servir du silence pour mettre un terme sans douleur à la conversation, comme si c'était naturel. Il vous suffit de ne plus fournir le moindre encouragement à continuer à parler, comme le fait de hocher la tête, de changer l'expression de son visage, etc. Devant une telle absence de réaction –

comme devant une toile blanche –, l'interlocuteur s'arrête généralement de parler et devient lui-même silencieux, en un temps moyen qui n'excède pas deux minutes...

• **Les managers qui se sentent à l'aise avec le silence et l'utilisent de façon positive confirment leur ascendant personnel** en laissant de la place aux autres pour qu'ils puissent s'exprimer. De cette façon, il leur est possible d'obtenir des informations qui, sans cela, seraient restées secrètes : au sujet d'un membre de l'équipe qui se montre vraiment peu performant, par exemple, ou de quelqu'un accusé d'avoir commis une infraction à la règle.

Utiliser le silence à bon escient donne non seulement du temps pour respirer et pour réfléchir à ce que vous allez dire, mais aussi pour recevoir et intégrer le retour que vous attendez de votre auditoire.

• **Les managers qui communiquent bien se montrent souvent capables d'écouter attentivement les silences de ceux auxquels ils s'adressent.** Cela leur permet de détecter s'il s'agit d'un accord enthousiaste, d'une résistance pleine d'amertume, ou de doutes non formulés. C'est en se concentrant, en écoutant avec une grande attention et en restant présents qu'ils peuvent le faire avec efficacité (voir le chapitre 5). Dans ces circonstances, il n'est pas rare qu'un leader fasse preuve d'un grand charisme sans même avoir besoin de parler.

4. LA CONFIANCE EN SOI

Il faut toujours dire du bien de soi, cela se répète et à la fin, on ne sait plus d'où cela vient.

Anonyme

Comme le disait l'actrice Mae West, célèbre à la fois pour son jeu et ses remarques provocatrices : « Si vous ne vous trouvez pas vous-même merveilleux, pourquoi voulez-vous que quelqu'un d'autre le pense ?» Sa légendaire confiance en elle-même n'était pas innée ; c'était, tout au contraire, le fruit d'un travail patiemment accompli.

Il arrivait souvent au Britannique Anthony Howard, l'un des plus célèbres et des plus distingués chroniqueurs politiques de son époque, d'apparaître à la télévision. Son influence était telle que, malgré la laideur de son visage, on oubliait complètement son physique dès qu'il commençait à parler, pour ne plus voir que l'expression de sa confiance en lui, laquelle dominait tout le reste.

La confiance en soi joue un rôle vital en matière de charisme et c'est l'« élément nécessaire aux grandes entreprises humaines».

LA CONFIANCE EN SOI ET LE POUVOIR

La confiance en soi a le pouvoir d'influencer les autres, de modifier leurs pensées, leurs sentiments et leurs comportements. Si vous respirez la confiance, vous aurez bien plus d'influence sur autrui que si vous apparaissez comme quelqu'un qui manque de confiance en lui.

Winston Churchill lui-même n'était pas si sûr de lui, comme on aurait pu le croire, et il s'en plaignait amèrement. Il confiait ainsi à son épouse Clémentine que, tout en étant Premier ministre, il ne se sentait pas toujours à la hauteur et qu'il avait le sentiment de manquer d'ascendant quand il lui fallait s'entretenir avec les acteurs majeurs de la scène internationale. En réalité, Churchill avait auprès du public une image tellement forte que son « effet charisme », ajouté aux espoirs que son auditoire plaçait en lui, dissimulait en grande partie ses doutes occasionnels.

Dans certains cas, il peut exister une différence entre votre confiance en vous et l'image extérieure que vous projetez auprès des autres. Les plus grands acteurs de théâtre eux-mêmes admettent qu'il leur arrive de douter et de manquer de confiance en eux quand il s'agit de s'attaquer à des rôles difficiles – même s'il est quasi impossible de s'en rendre compte une fois qu'ils sont sur scène.
Toutefois, le plus souvent, il existe un lien direct entre confiance en soi et affirmation de soi, et c'est ce que l'entourage perçoit comme de l'assurance. Un commentateur le formulait ainsi : « Si vous vous croyez capable d'exprimer de la confiance, vous paraîtrez confiant, alors que si vous doutez d'en être capable, vous ne le paraîtrez pas vraiment, quand bien même, au fond de vous, vous auriez confiance en vous. »

Une confiance soutenue ne vient qu'avec de l'entraînement ; celui-ci vous permet d'acquérir de nouvelles aptitudes, et ce sont elles qui, à leur tour, vous rendent plus sûrs de vous.

Avoir confiance en soi se ressent à la fois à travers les attitudes directes d'une personne et à travers d'autres caractéristiques comportementales, moins visibles, qui relèvent de ce qu'on appelle le langage du corps.

Par exemple, aux yeux de votre entourage, vous apparaîtrez comme quelqu'un qui :

- **se montre détendu,** qui n'est ni raide ni rigide ;
- **est souple** et qui possède un vaste registre de tonalités vocales, ainsi qu'une gestuelle accomplie ;
- **fait preuve de contrôle,** qui ne tremble pas, et qui a des gestes naturels ;
- **se montre sûr de lui** et a des intentions affirmées.

Vous pouvez vous entraîner à travailler ces différents points, par exemple en apprenant à clarifier vos intentions ou en cherchant à prendre conscience de votre langage corporel. Vous pouvez d'ailleurs compléter ces notions en lisant le chapitre 9 de ce livre sur la gestuelle et les attitudes corporelles.

Quelques outils pour améliorer sa confiance en soi

- **Clarté** : cherchez à bien cerner le message que vous voulez faire passer comme étant le plus important et gardez-le en tête.
- **Relaxation** : adoptez une attitude ouverte signifiant que vous êtes prêt à écouter ce que les autres disent ou pensent.
- **Voix** : entraînez-vous à avoir une voix agréable prouvant que vous êtes confiant ; sachez en varier les tonalités.
- **Questions ouvertes** : évitez les questions auxquelles on répond par oui ou par non. Utilisez des questions ouvertes qui impliquent ceux à qui elles sont posées et faites-les suivre de commentaires adéquats et de questions complémentaires.
- **Questions directes** : dépourvues de tonalité accusatrice, ces questions s'adressent directement à votre interlocuteur et montrent l'intérêt que vous portez à autrui : « Êtes-vous d'accord ? », « Comment percevez-vous cela ? », etc.
- **Élimination des signes de faiblesse** : évitez les opinions qui dénotent un manque de certitude. Évitez aussi celles qui vous font passer pour une victime (voir chapitre 2) ou trahissent vos doutes personnels.

- **Attitude proactive** : prenez l'initiative de la conversation, lancez des sujets ou des idées qui permettent aux autres d'apporter leur contribution.
- **Regard** : regardez les gens en face, en maintenant un contact visuel suffisamment prolongé pour faire passer le message suivant : « Je suis confiant et je m'intéresse à vous.»

AGISSEZ « COMME SI »

Comportez-vous comme si les autres étaient heureux de vous voir et il y a de fortes chances pour qu'eux-mêmes le ressentent ainsi.

> Agissez comme si les gens avaient envie d'écouter ce que vous avez à dire et c'est sans doute ce qu'ils feront.

Agissez comme si les gens avaient du respect pour vous et ils auront envie de vous en témoigner. Au bout du compte, cela deviendra naturel chez vous.
Le principe même du « Agissez comme si » exige que l'on accorde plus d'attention à l'autre ou aux autres membres du groupe. Ne gaspillez pas votre énergie à lutter contre vos doutes : refusez simplement qu'ils vous envahissent.
Vous comporter en victime est le plus sûr moyen d'apparaître

sous cet angle aux yeux d'autrui. Si vous partez du principe que les gens ne feront pas attention à vous, c'est exactement ce qui se produira. En matière de charisme, on en revient toujours au choix initial : « Quelle est mon intention, au fond ? »

Les gens penseront de vous ce que vous-même pensez de vous

Votre attitude personnelle a une répercussion directe sur autrui. Par exemple, si vous pensez que certains membres de votre équipe ne feront pas cas de vous, c'est ce que finira par penser toute l'équipe. Si vous estimez ne pas avoir d'opinion personnelle, alors les gens vous considéreront comme quelqu'un qui n'a rien à dire. Si, au contraire, vous pensez que vous êtes quelqu'un de sympathique, intelligent et profond, c'est bien comme cela que vous serez perçu à plus ou moins long terme.

Les gens vous renvoient une image en miroir de votre état émotionnel

Si vous êtes enthousiaste, les autres auront tendance à l'être aussi. Si vous êtes contrarié d'être en présence de certaines personnes, celles-ci auront le même sentiment à votre égard. Si vous vous intéressez aux autres, en retour, ils auront envie de s'intéresser à vous.

Ce que vous pensez des autres a une influence directe sur la façon dont ils se comportent

Si vous pensez que vos supérieurs vous détestent, il y a de fortes chances pour que cela finisse par se produire. Si vous partez du principe que les gens ne feront pas attention à vous à votre arrivée dans une pièce, ils capteront le message et ne vous remarqueront pas.

Comment ce procédé d'autorenforcement fonctionne-t-il ?

Les autres peuvent-ils lire dans votre esprit ? Oui, d'une certaine façon, même s'il ne s'agit pas de télépathie. En réalité, les gens décryptent les messages codés que vous émettez tant par votre attitude générale et les expressions de votre visage que par vos gestes et l'ensemble de votre langage corporel. Quand vous agissez « comme si », que vous le vouliez ou non, vous envoyez en même temps des messages positifs tout à fait perceptibles.

SCÉNARIOS DE MODIFICATION MENTALE

Cette gymnastique mentale peut également avoir de l'influence sur la façon dont vous gérez votre façon de communiquer : qu'il s'agisse de faire une communication en public, d'entrer dans une pièce pleine de monde ou de rencontrer votre supérieur hiérarchique pour lui parler d'un problème au sein de l'équipe.

Voici trois scénarios différents que vous pouvez tenter d'imaginer dans leur intégralité :

1. Vous êtes l'hôte qui reçoit

Imaginez que toutes les personnes que vous allez rencontrer lors d'un événement sont invitées à une réception chez vous, et que vous vous apprêtez à parler à chacune avant de passer à la personne suivante. Il s'agit là d'un excellent moyen de renforcer votre confiance en vous, car s'il y a quelqu'un qui a le droit d'être à cette réception, c'est bien vous !

2. Faites preuve de curiosité

Concentrez-vous sur un point particulier. Par exemple, cherchez à savoir pourquoi les personnes présentes ont décidé de participer à cette rencontre. Vous pouvez tout aussi bien vous intéresser à leurs points de vue sur un sujet donné, ou à la couleur de leurs yeux. Cela n'a guère d'importance, ce qui compte, c'est le fait que vous ayez choisi de mobiliser votre curiosité.

3. Faites passer un message

Chaque rencontre doit vous apparaître comme une occasion unique de faire passer un message important. Vous devez parler aux gens comme si vous pensiez qu'ils seront enthousiastes de savoir ce que vous voulez leur dire.

INTELLIGENCE ÉMOTIONNELLE

L'intelligence émotionnelle (IE) permet d'être conscient des émotions ressenties par autrui et, en même temps, de la façon dont vos propres émotions en sont affectées. Par exemple, une intelligence émotionnelle faible peut vous empêcher de prendre conscience que les gens se sentent frustrés, dévalués, inadéquats, agacés ou culpabilisés en votre présence.
Bien qu'il y ait des débats sur la proportion dans laquelle on peut augmenter l'intelligence de base, il est certain qu'on peut développer son intelligence émotionnelle. Ce qui différencie les êtres qui ont compris l'importance de l'intelligence émotionnelle de ceux qui se contentent des possibilités de tout un chacun, c'est la capacité à comprendre la dynamique sociale, autrement dit ce qui se passe à tout moment au cours d'une interaction avec l'autre.

Que signifie : développer son intelligence émotionnelle ?

Cela veut dire qu'il vous faudra aiguiser votre sens du relationnel afin de développer votre magnétisme personnel. De ce fait, avoir une personnalité qui agit sur autrui comme un aimant est virtuellement à la portée de chacun d'entre nous. Vous attirerez les gens parce qu'ils vous percevront comme quelqu'un qui leur donne de l'importance et fait attention à eux.

> En termes de show-business : on dit que ce sont les spectateurs qui comptent, non celui qui est sur scène.

L'intelligence émotionnelle fonctionne comme une sorte de radar permettant de comprendre les situations et d'interpréter les comportements des autres, leurs intentions, leur état émotionnel et leur désir d'entrer en relation avec autrui.
Le problème, parfois, c'est que notre radar tombe en panne et qu'il nous arrive de nous tromper dans l'interprétation d'une situation donnée, ou de n'y rien y comprendre... Par exemple, si vous décidez d'approcher quelqu'un pour lui dire à quel point votre société est géniale, sans tenir compte du fait qu'il n'est peut-être pas disposé à vous entendre sur le moment, on peut dire que vous n'avez pas su interpréter correctement le message affiché par votre radar. De la même façon, si vous dites à une personne quelque chose qui la dérange profondément, sans que vous vous en rendiez compte, votre radar est sérieusement déréglé.

Comment développer son intelligence émotionnelle ?

Les différentes façons de développer son intelligence émotionnelle sont abordées dans d'autres chapitres de l'ouvrage, en particulier celui sur les objectifs (chapitre 2), la présence personnelle (chapitre 5) et l'authenticité (chapitre 6). Dans celui-ci, l'accent est mis sur la conscience de la situation, c'est-à-dire sur la capacité à « décoder » ce qu'il y a sur notre écran radar.

Les outils facilitant la lecture de la situation sont les suivants :
- **Espace :** quelle est l'image en 3D de cette situation ?
- **Comportements :** quels sont ceux que vous observez dans ce cas ?
- **Haut degré d'acuité sensorielle :** que se passe-t-il exactement en ce moment ?

L'espace

Les êtres humains utilisent une partie de l'espace qui les entoure, chacun à leur manière, et on peut comprendre beaucoup de choses en s'intéressant à la façon dont ils le font. Par exemple, quand vous participerez à une prochaine réunion, regardez autour de vous dès votre entrée dans la pièce et étudiez la façon dont les participants utilisent l'espace autour d'eux : sont-ils plutôt ramassés sur eux-mêmes ou étalés sur leur siège ? Soyez attentif aux signaux que vous pouvez glaner de l'image en 3D qui se projette sous vos yeux.
Dans cet espace, la scène vous semble-t-elle professionnelle, tranquille, sur le qui-vive, tendue, ou bien faisant partie d'un rituel ? Les gens ont-ils l'air détendus ou mal à l'aise ? L'image – la scène – vous semble-t-elle accueillante, ou pas ? Qui est assis ? Où ? Et pourquoi ? La personne la plus élevée en grade préside-t-elle en bout de table, comme toujours ? Où pensez-vous qu'il soit le plus judicieux de vous installer, et pourquoi ?
La prochaine fois que vous irez voir quelqu'un dans son bureau, faites bien attention aux aménagements spatiaux. Vous paraissent-ils accroître le pouvoir de l'occupant ? Est-ce qu'ils facilitent la communication, ou est-ce qu'ils la brisent ? Sont-ils propice à un sentiment de bien-être, ou non ? Quels sont les autres éléments que vous pouvez lire à travers cette organisation spatiale ?

Les comportements

Quand vous vous servez de l'intelligence émotionnelle, vous observez attentivement les comportements des autres et cherchez consciemment à repérer leurs messages non verbaux, tels que postures du corps, gestes, mouvements, expressions du visage et tonalité de voix. Tous ensemble, ces comportements sont porteurs de messages et, une fois que vous les aurez notés, vous devrez en tirer quelque chose.
Par exemple, comment les gens présents manifestent-ils leur autorité ? Leur déférence ? Qui émeut qui ? Qui est entré dans la pièce le premier ou le dernier ? Regardez une émission télévisée ou un film, sans mettre le son, et observez la façon dont les gens communiquent et se déplacent. Les joueurs de poker expérimentés se servent souvent de cette technique pour apprendre à « lire « leurs adversaires.

Haut degré d'acuité sensitive

On entre ici dans un domaine qui va bien au-delà des seuls comportements, exigeant de se mettre à l'écoute d'autres signes moins faciles à repérer. Cela peut éventuellement vous aider à savoir ce que les autres pensent et ressentent.
Par exemple, vous pouvez regarder la façon dont les gens respirent dans le but de l'évaluer. La respiration de votre interlocuteur est-elle superficielle, ou au contraire profonde ? Est-elle rapide, ou au contraire très calme ?
Vous pouvez chercher à repérez des signaux involontaires, comme la pâleur ou la rougeur de la peau, qui peuvent vous renseigner sur ce qui se passe en profondeur chez votre interlocuteur. S'il rougit, par exemple, est-ce un signe de désaccord, de colère, ou tout simplement de gêne ?
Cherchez à repérer des signaux involontaires, comme la pâleur ou la rougeur de la peau
Enfin, il vous faut évaluer le niveau d'énergie d'autrui. Est-il haut, ou bas ? En train de monter, ou de baisser ? Les signes de

ces modifications proviennent, entre autres, des positions du corps, du regard, des mouvements des mains et des pieds… « Même si vous vous sentez mal à l'aise ou déplacé, n'essayez pas de nager à contre-courant. Changez de direction. Trouvez le sens du flux et suivez-le. » conseille, Oprah Winfrey, animatrice de télévision.

CHARISME ET CONFIANCE EN SOI VONT DE PAIR

Il est difficile d'imaginer quelqu'un de charismatique qui n'émettrait pas, en même temps, les signes d'une grande confiance en soi. Pourtant, chez un même être, ces deux qualités ne sont pas toujours présentes. Le fait d'avoir confiance en vous ne vous garantit pas automatiquement d'avoir de l'ascendant. De même, les personnes charismatiques luttent parfois pour améliorer leur confiance en elles. Il peut aussi arriver qu'un fond d'insécurité plane au-dessus d'elles, tel un nuage sombre, comme c'était le cas pour Marilyn Monroe.

Bien qu'ayant beaucoup de charisme, de nombreux êtres ressentent occasionnellement une chute marquée de leur confiance en soi, alors qu'en temps normal elle est au top niveau. L'actrice Winona Ryder a reconnu publiquement se sentir dépressive après la rupture avec son ex-compagnon Johnny Depp, lequel a admis plusieurs fois qu'il lui arrivait de souffrir de troubles anxieux. Parmi les personnalités ayant traversé ces périodes de doute qui vous sapent le moral, on trouve des acteurs connus, des chanteurs, des écrivains… Anthony Hopkins, Hugh Laurie, Cher, Catherine Zeta-Jones, J.K. Rowling, Mel Gibson, Jim Carrey, entre autres.

> La force de la confiance en soi, c'est qu'en la possédant, vous transmettez automatiquement aux autres des émotions positives.

Ces derniers détectent votre état d'esprit et, inconsciemment, se calquent sur lui et vous le renvoient. C'est un processus mutuel de renforcement positif, en quelque sorte, qui aide chacun à se sentir mieux. Or aider les gens à se sentir mieux est l'élément de base du charisme.

La confiance en soi se développe par la pratique. Vous pouvez avoir un QI très élevé, un humour décapant ou un physique à tomber par terre et manquer malgré tout de confiance en vous. La confiance en soi a de nombreux aspects et vous allez devoir chercher ce qui solidifie et ce qui mine la vôtre.

Votre personnalité dépasse largement les limites de votre corps et de votre esprit. Vous appartenez à un monde en perpétuel remaniement dans lequel opportunités et situations changent constamment. Par conséquent, si, en cherchant à développer votre charisme, vous vous rendez compte que vous manquez de confiance en vous, prenez le temps d'explorer les différents moyens qui sont décrits dans ce livre : cela devrait vous permettre de vous sentir en terrain plus ferme. Servez-vous de chaque moment où vous ressentez un faible niveau de confiance en vous comme d'un tremplin à partir duquel vous pourrez rebondir et tenter une nouvelle forme d'action.

5. AVOIR DE LA PRÉSENCE

Être simplement présent émotionnellement sur la scène, vraiment présent émotionnellement, devrait suffire à faire passer ce qu'il faut faire passer.

Lasse Hallström, metteur en scène suédois.

Dans le film *Que le spectacle commence* (*All That Jazz*, 1980), le personnage principal commence chacune de ses journées par se regarder intensément dans un miroir. Tandis qu'il se redresse et prend un air déterminé, malgré sa lassitude, il dit tout haut : « C'est l'heure de la représentation. » C'est sa manière à lui de redevenir présent, d'élever son niveau d'attention, de se mettre sur « on ». Bien que vous n'ayez pas forcément besoin de vous rappeler chaque jour que « c'est l'heure de la représentation », vous devez trouver votre propre façon d'éveiller votre présence. Il s'agit là d'un élément essentiel pour améliorer votre charisme.

C'EST L'HEURE DE LA REPRÉSENTATION !

Avoir de la présence réclame de l'énergie. Il s'agit d'être « ici et maintenant ». Ce qui se traduit de deux façons :

- **Être très à l'écoute de ce qu'il y a autour de vous.**
- **Être à son maximum de perception sensorielle.**

Quand ces deux modes de comportement s'expriment à pleine puissance, le charisme d'une personne semble impressionnant, voire inaccessible. Il a un ascendant considérable sur autrui. Pour autant, vous n'avez nullement besoin d'un charisme extrême pour faire preuve de présence. De nombreuses personnes y parviennent très bien en adoptant une forme atténuée de ces comportements.

Prenons l'exemple de Pierre

Pierre fournit des experts en technologie de l'information et de la communication aux clients de son agence de consulting. Au milieu d'un petit groupe d'inconnus, il semble parfaitement au fait de ce qui se passe autour de lui, discutant avec les uns et les autres sans inhibition, souriant chaleureusement à chacun et établissant un excellent contact visuel. Si quelqu'un ne se montre pas très accueillant envers lui, il se déplace tranquillement vers la personne suivante, sans montrer de contrariété, et, de ce fait, devient rapidement le personnage le plus recherché du groupe. Après coup, la plupart d'entre eux, si ce n'est la totalité, se souviendront de lui avec plaisir.
Pierre sait se montrer là sans qu'il lui soit nécessaire d'en faire trop. Sa présence naturelle est toujours prête à être mobilisée quand il en a besoin, et il se sent parfaitement en harmonie avec lui-même ; il se connaît bien et il sait ce qui compte vraiment pour lui. Dans votre recherche d'un plus grand charisme, cherchez à mieux comprendre ce qu'est la notion de présence et essayez de la développer davantage. Tâchez de faire l'exercice ci-dessous.

EXERCICE

Présence

1. Asseyez-vous bien droit sur votre chaise, relaxé et le regard vers l'avant, à l'écoute de vous-même.
2. Prenez conscience de votre respiration : concentrez-vous sur les mouvements de votre corps faisant entrer et sortir de l'air. Inspirez, expirez... Inspirez, expirez...
3. Ralentissez votre rythme respiratoire en faisant une pause de cinq secondes en fin d'inspiration, avant de souffler l'air jusqu'au bout, comme si vous vouliez l'envoyer jusqu'à vos pieds. Faites-le au moins cinq fois de suite, lentement.
4. Sans bouger votre tête ni vos yeux, repérez ce qui entre dans votre vision périphérique en allant jusqu'aux limites de votre champ visuel.
5. Soyez attentif aux sons autour de vous. Écoutez bien, et cherchez à différencier ce qui vous semble loin ou proche, fort ou faible, aigu ou grave, régulier ou intermittent.
6. Inspirez doucement avec votre nez, trois ou quatre fois de suite. Comment trouvez-vous l'air que vous avez inspiré ? Avez-vous remarqué une ou plusieurs odeurs particulières ? Si vous portez un parfum ou un après-rasage, essayez de le détecter.
7. Déplacez votre attention sur votre corps et tâchez de prendre conscience des sensations liées à vos chaussettes et à vos chaussures. Pouvez-vous ressentir le poids de votre corps au contact de la chaise ?
8. Essayez de profiter à fond de ce moment où la vie semble s'écouler au ralenti, et où la pression diminue pour faire place à une conscience de soi légèrement différente.

9. **Pour finir, laissez progressivement s'effacer l'intensité des sensations liées au fait d'être « présent » et retrouvez peu à peu votre état de conscience habituel.**

Quand vous êtes totalement présent, vous êtes à la fois à l'écoute de tout ce qui vous entoure et extrêmement réceptif à l'atmosphère générale, aux éventuelles tensions non exprimées et aux attentes des uns et des autres, voire à leurs pensées.

Anecdote

Un jour, les habitants d'un petit village d'Europe centrale avaient invité un rabbin, célèbre pour sa grande sagesse, à venir chez eux. Pendant des semaines, la population juive locale avait débattu des sujets d'importance à aborder avec lui, des conflits qu'il pouvait les aider à résoudre et des avis qu'il fallait obtenir de lui. Le jour de son arrivée, le rabbin entra dans la pièce où tout le monde était rassemblé pour l'accueillir. Il commença par rester debout en silence, pendant un moment, tandis que chacun attendait ses premiers mots avec impatience. Au lieu de parler, le rabbin se mit à danser. Il dansa, dansa, et bientôt, tous les villageois se mirent à danser eux aussi, jusqu'à ce que l'épuisement les gagne et qu'ils se tiennent complètement immobiles. Dans le silence qui suivit, le rabbin demanda tout sourire : « Y a-t-il d'autres questions ? »

La force de votre présence peut conduire les autres à vous voir, à vous entendre, à vous remarquer, à vous respecter et à vous reconnaître. Parmi les nombreux moyens qui existent pour augmenter sa présence, vous trouverez peut-être utile de vous servir du « code de la route de la présence « et de ses deux éléments énergisants, c'est-à-dire être animé d'une force intérieure et avoir conscience de soi.

QUELQUES CONSEILS À METTRE EN ŒUVRE

Les conseils suivants sont particulièrement efficaces quand ils sont mis en application juste avant de rencontrer des gens, surtout lorsqu'il s'agit de situations formelles. Pour cela, vous devez faire les actions suivantes :

1. **S'arrêter**
2. **Respirer**
3. **Regarder**
4. **Écouter**
5. **Ressentir**

Ces actions vous rendent plus vigilant, augmentent la conscience que vous avez de votre environnement et *boostent* votre présence.

Arrêtez-vous

Prenez votre temps et ne vous précipitez pas pour parler. Le fait de marquer une pause est précieux, car il vous donne le temps de vous installer mentalement et émotionnellement. Si vous avez le trac, cela vous permet d'ajuster le rythme de votre respiration et donne aux papillons qui volettent dans votre estomac le temps de s'organiser en formation...

Respirez

Faites calmement quelques respirations profondes, sans soulever votre poitrine et sans remonter vos épaules. Une fois l'amplitude maximale atteinte, retenez votre respiration en comptant lentement jusqu'à cinq. Répété plusieurs fois, cet exercice permet de ralentir le rythme cardiaque, ce qui réduit la décharge d'adrénaline dans votre organisme, laquelle est liée aux sentiments d'anxiété et de stress.

Regardez

Si vous vous trouvez avec un groupe restreint de personnes, prenez le temps d'établir un contact visuel direct avec chaque participant, même brièvement, avant de commencer à parler. Les effets que peuvent avoir le silence et l'échange visuel sont étonnamment utiles et marquent l'indéniable présence de celui qui s'en sert.

Si le groupe est plus grand, commencez par chercher un visage familier, ou sympathique, puis établissez un contact visuel avec quelques individus choisis parmi l'assistance avant de vous mettre à parler. En même temps, posez-vous mentalement la question suivante : « Qu'est-ce que je vois en ce moment ? » Puis écoutez votre réponse intérieure, tout en continuant à prendre le temps nécessaire avant de débuter votre communication.

Vous allez peut-être voir des gens qui sourient, d'autres qui froncent les sourcils, d'autres encore qui ont l'air ailleurs, qui tripotent leur téléphone ou remuent des papiers.

Quelle analyse en faites-vous ? L'assistance est-elle prête à vous écouter ?

Écoutez

Cherchez à repérer tous les sons utiles pour une meilleure analyse des personnes à qui vous allez vous adressez. Sont-elles impatientes ou y a-t-il, au contraire, un calme ambiant suggérant que votre auditoire est prêt et que vous pouvez commencer ?

Ressentez

Utilisez tous vos sens, y compris votre intuition naturelle, pour détecter ce qui se passe autour de vous. Donnez libre cours à votre système sensoriel afin qu'il vous permette de dépister des indices, même subtils, qui pourraient vous aider à choisir le meilleur moyen de vous exprimer à ce moment-là.

L'humoriste et écrivain américain Mark Twain commença un

jour une conférence de la façon suivante : il contempla tout d'abord son auditoire en silence pendant un long moment. Ensuite, il se mit à scruter l'assistance comme s'il voulait regarder chaque personne dans les yeux. Enfin, après dix minutes d'un incroyable silence, tous les auditeurs se levèrent pour applaudir spontanément.

UTILISEZ VOS DEUX ÉNERGIES

Quand on regarde des gens qui ont de la présence, même s'ils sont assis et immobiles, on ressent leur énergie. Elle est issue de deux sources distinctes.
La première est d'origine physique : elle provient de la réceptivité de l'ensemble du corps du sujet à tout ce qui l'entoure, ainsi que d'une « écoute » attentive de ce qui se passe dans la pièce. Cette énergie trouve sa source dans le monde externe.
La deuxième, au contraire, est d'origine interne. Vous pouvez la capter si vous êtes totalement présent à vous-même : c'est-à-dire à la personne que vous êtes, avec ses valeurs et sa connaissance de soi et si vous êtes complètement centré sur que ce que vous faites. Bien que cette théorie puisse paraître quelque peu mystique, à première vue, je vous assure qu'elle vous permettra de tomber le masque et de laisser voir aux autres qui vous êtes réellement.

Voici quelques moyens pratiques pour aller chercher les énergies qui sont en vous :

- **Acceptez de ressentir vos émotions** et d'être vulnérable. Au lieu de combattre vos tensions ou votre anxiété pour les dissimuler, dites-vous qu'il est sans danger de s'ouvrir à la personne ou aux personnes avec qui vous vous trouvez.

• **Imaginez que vous êtes dans un château fort,** que vous baissez le pont-levis et que vous le traversez en faisant un geste de bienvenue.

• **Abaissez volontairement votre rythme respiratoire** (voir plus haut).

• Au lieu de vous contentez d'un vague regard vers l'assistance, **établissez un contact visuel énergique** avec certaines personnes et donnez de la vigueur à vos attitudes corporelles et aux expressions de votre visage. En établissant ces connexions avec autrui, ne craignez pas de vous montrer agressif ou incisif : il s'agit seulement d'agir de façon plus volontaire.

• **Pensez à vos convictions personnelles** et à ce qu'elles représentent à ce moment particulier. Si vous n'êtes pas sûr d'elles, faites l'exercice ci-dessous.

EXERCICE

Valeurs personnelles

Savoir clairement quelles sont vos valeurs personnelles peut vous aider à augmenter votre conscience de vous-même, alimenter votre énergie interne et renforcer votre présence.

1. Faites une liste de ce qui a le plus de valeur dans votre vie et de ce qui vous importe le plus. Quelles sont les choses qui vous passionnent vraiment ? Prenez tout votre temps pour y réfléchir.

2. Pensez à la façon dont vous intégrez ces valeurs dans votre vie.

3. Sous quelles formes ces valeurs s'expriment-emmes dans votre vie quotidienne ? Réfléchissez bien.

4. Parmi ces valeurs personnelles, choisissez celle qui vous importe le plus. Est-ce que vos proches la connaissent ?
Montrez ce que vous avez écrit à un ami proche ou à un membre de votre famille. Vous reconnaît-il dans ce que vous avez noté ? Comment ces valeurs se répercutent-elles dans votre travail ?

Exemples
1. À quoi est-ce que j'attache le plus d'importance ? Qu'est-ce qui me passionne ?
L'environnement, la justice, mon couple, ma créativité, ma santé...
2. Comment ces valeurs se traduisent-elles pratiquement dans ma vie quotidienne ?
Aller à mon travail à vélo, être actif au sein d'un groupe de protection de l'environnement, faire partie d'Amnesty International, maintenir un bon équilibre de vie et de travail, tester régulièrement de nouvelles idées, faire du sport chaque semaine, manger végétarien...

Les gens pleins d'énergie qui ont un message clair à faire passer sont capables de générer une forte présence et de se montrer extrêmement persuasifs. D'une certaine façon, auprès d'eux, aucun obstacle ne semble insurmontable.

SOYEZ POSITIF

Il arrive que le manque d'entrain soit visible, que ce soit sur un terrain de football, lors d'un match de tennis ou dans toute autre compétition. La tête est basse, le corps est voûté, un sentiment d'abattement est presque palpable. Cette attitude n'est pas toujours liée à l'épuisement physique, mais, bien souvent, à un manque de volonté de continuer à se battre.

Les gens qui ont de l'entrain exercent une sorte de magnétisme

Si l'on aime les côtoyer, c'est qu'ils débordent d'une énergie vitale. Si vous voulez être considéré comme une personne dynamique, il faut que les gens vous perçoivent comme quelqu'un de vivant, de positif et d'animé.

Le fait de sourire, de rire, d'exprimer votre optimisme, d'avoir les yeux bien ouverts, d'être vigilant à tout, d'avoir une attitude corporelle tonique, tout ceci montre que vous avez de l'entrain.

Une partie de votre entrain provient de la façon dont vous utilisez votre énergie. Les acteurs, par exemple, même quand leur moral est bas ou qu'ils se sentent fatigués, apprennent à puiser au fond de leurs ressources pour se remettre en forme avant d'entrer en scène. Vous aurez peut-être besoin d'en être capable, vous aussi, et, pour cela, il faudra vous demander si vous utilisez ou non tout votre potentiel d'énergie.

Augmentez votre conscience de soi

Cet aspect jalonnera régulièrement le chemin qui mène à l'amélioration de votre « effet charisme ». Les méthodes pour augmenter volontairement sa conscience de soi comprennent l'exploration de la partie de votre moi que vous cachez aux autres, le fait d'écouter votre intuition et de lui faire confiance, enfin l'établissement d'une relation avec les personnes qui vous inspirent de l'intérêt. Mieux se connaître, cela consiste à comprendre en quoi vos propres comportements peuvent, aujourd'hui, nuire à votre effet charisme.

Explorez vos aspects cachés

Qui y a-t-il exactement derrière le masque que vous portez ? Si vous ne prenez jamais la peine de vous poser cette question, l'exploration cette part secrète de vous-même – peut-être dérangeante – relèvera sans doute du défi. Mais, après tout, pourquoi vous en inquiéter ? Si vous avez relégué à l'arrière-plan une partie de vous-même, c'est vraisemblablement que vous aviez de bonnes raisons de le faire ! Il n'en reste pas moins que l'exploration de cette face cachée de votre moi pourrait s'avérer extrêmement utile.

« Bon, d'accord ! me direz-vous. Mais comment savoir en quoi consiste mon moi secret ? » Vous êtes la seule personne qui puisse répondre à cette question, bien évidemment, sinon, il ne s'agirait pas d'un secret. Mais il y a de fortes chances pour que vous trouviez une partie de la réponse dans les éléments de la liste de l'exercice figurant ci-dessous.

EXERCICE

À la recherche de mon moi secret

1. Installez-vous dans un lieu tranquille où vous ne risquez pas d'être dérangé. Munissez-vous d'un carnet et d'un stylo.
2. À partir de la liste ci-dessous, dont les différents items devraient vous aider à stimuler votre réflexion, essayez de trouver un ou plusieurs exemples correspondant à votre personne et à votre vie.
- Peurs irrationnelles ou absurdes.
- Fortes aversions, ou haines.
- Amours et passions.
- Besoins inassouvis.
- Talents cachés ou non exprimés.
- Pensées ou sentiments rarement exprimés.
- Comportements passés dont vous êtes fier et dont vous ne parlez jamais, ou presque.
- Comportements dont vous êtes honteux mais auxquels vous ne pensez que rarement, voire jamais.
- Anecdotes ou incidents révélateurs.
- Désirs ou envies rarement exprimés.
3. En quoi cette liste vous concerne-t-elle ? Parmi ces items, y a-t-il un élément capable d'influencer directement la manière dont vous vous comportez lorsque vous vous trouvez avec d'autres personnes, que ce soit de façon positive ou négative ?

Écoutez votre intuition et faites-lui confiance

La Sterne arctique (ou hirondelle de mer) est un oiseau qui vit près du pôle Nord. Une fois par an, il quitte cette région du monde pour effectuer un incroyable périple (37 000 km environ) avant de revenir à son point de départ. Avec un tel instinct pour se guider, il est clair que cet oiseau n'a nul besoin d'un GPS sophistiqué. C'est son instinct qui lui dit où aller et comment s'y rendre. Les êtres humains possèdent eux aussi une aptitude innée à trouver leur chemin, tout au long de la vie, et à se guider en fonction de ce qui se passe autour d'eux. Il s'agit d'une capacité spontanée, semblable à une sorte de radar interne, qu'il n'est pas possible de réduire à un tableur mathématique.

Selon le professeur Daniel Cappon, psychologue canadien et auteur de nombreuses publications sur ce thème, l'intuition est le « joyau de la couronne de l'intelligence ». Comparée au raisonnement conscient, l'intuition est « le secret du succès de la plupart des entreprises humaines ». Malgré son importance évidente, il n'est pas tellement question d'intuition dans les ouvrages ou les articles qui traitent de communication, non plus que sur le rôle qu'elle joue dans la capacité à faire preuve de présence. Car l'intuition est considérée comme une donnée essentiellement subjective, non vérifiable objectivement. Pourtant, l'intuition n'a rien d'irrationnel, y compris quand elle s'avère fausse.

L'intuition interviendrait à 90 % dans les décisions que nous prenons.

Il est commun de dire que l'intuition se manifeste sous forme de message inconscient. Par exemple, on sait parfois avec certitude que quelqu'un est en train de mentir, sans que cette conviction soit liée aux mots entendus. En réalité, on en est informé par de subtils changements physiologiques que les individus ne peuvent pas contrôler et qui, en même temps, les trahissent. Il est d'ailleurs possible que vous ne sachiez même pas que vous enregistrez ces modifications, car vous le faites inconsciemment. En faisant confiance à votre instinct, vous permettez à ce savoir inné de faire surface.

Jack Roseman, fondateur de deux entreprises florissantes dans le domaine de l'informatique, se souvient de la négociation qu'il avait menée au Royaume-Uni pour faire l'acquisition du groupe Atkins Computers : « Je suis incapable de vous dire avec précision ce qui m'a convaincu, en quelques secondes, que notre seul espoir d'acquérir cette société, c'était de gagner les cœurs et les esprits de tous les directeurs assis autour de la table. » Alors que le propriétaire lui demandait s'il voulait voir les comptes de la société, Roseman se servit de son intuition et répondit qu'il voulait tout d'abord que les différents acteurs de la négociation apprennent à se connaître avant d'aller plus loin : « Si l'alchimie ne fonctionne pas, quand bien même vous m'offririez votre société pour rien, je n'en voudrais pas », avait-il dit. C'était exactement ce que les gens présents voulaient entendre. Roseman emporta le marché, alors même que son offre financière était inférieure à celle de ses concurrents.

Il y a de nombreuses façons d'utiliser votre intuition quand vous voulez affermir votre présence

Même si vous manquez de données objectives, vous pouvez vous servir de :

- Votre sagesse de vue pour anticiper ce qui peut arriver ;
- Votre sagesse acquise pour comprendre la cause de tel ou tel événement ;
- Vos pressentiments pour imaginer une solution immédiate et probablement efficace à un problème ;

- Votre savoir pour vous assurer que vous connaissez la méthode qui vous permettra d'atteindre votre but, pour utiliser une découverte, pour choisir le meilleur moment pour intervenir, ou pour comprendre la signification de telle ou telle chose.

Vous pouvez développer votre intuition en pratiquant les exercices ci-dessous.

EXERCICE 1

Intuition

1. Choisissez un moment propice pour explorer votre intuition. Il peut s'agir d'un moment où vous êtes seul, ou, mieux encore, d'une situation dans laquelle vous souhaitez avoir un impact personnel.
2. Privilégiez les situations réelles pour explorer votre intuition.
3. Penchez-vous sur ce que vous ressentez et essayez de noter à quel point cela vous affecte sur le coup. *Je me sens fatigué, là, maintenant, et je me rends compte que je suis de plus en plus impatient.*
4. Reconnaissez et acceptez ces sentiments, même s'ils vous mettent mal à l'aise.
J'accepte de me sentir en colère en ce moment et il est bien compréhensible que je sois impatient.
5. Considérez votre intuition comme une amie sereine et respectueuse qui, en général, attend qu'on lui pose une question pour donner son avis. Invitez votre intuition à vous donner la réponse.
J'accepte le fait d'être en colère en ce moment. À partir de là, que me faut-il faire ?
6. Vérifiez la justesse de votre intuition et de vos réactions par rapport à elle.

EXERCICE 2

1. Journal. Rédigez votre journal d'intuition : vous y noterez vos impressions, qu'elles proviennent de rêves, de sensations ou de pensées immédiates. Examinez-les ensuite pour voir le recul que cela vous apporte par rapport à votre intuition. Par exemple, essayez de voir quand elle fonctionne le mieux, ou dans quel environnement.
2. Centres d'intérêt. Servez-vous de vos passe-temps ou de vos centres d'intérêt pour explorer votre intuition. Les musiciens se servent de leur intuition pour jouer, les scientifiques le font pour leurs recherches, les parents pour élever leurs enfants.
3. Réponses. Choisissez un problème auquel vous cherchez une réponse. Allez marcher dans la nature ou dans un parc, et pendant que vous profitez de l'environnement, choisissez un objet qui se trouve sous vos yeux, comme une pierre ou une feuille. Regardez-le bien, en détail, et demandez à votre intuition de vous aider : « Quel point de vue complémentaire cet objet peut-il m'apporter ? »

Recommandations

- Traitez avec suspicion toute intuition qui semble vous commander une action plutôt que vous suggérer des possibilités.
- Combinez votre intuition avec votre logique.
- Si vous avez une intuition, traitez-la avec respect, comme s'il s'agissait d'un conseil donné par un collègue en qui vous avez confiance.

ENTRAÎNEZ-VOUS PHYSIQUEMENT

Le travail de préparation qui vous incombe pour mieux faire passer votre message est également nécessaire,

en particulier si vous devez faire une présentation en public où vous serez debout.

Avoir le trac avant une prestation en direct est tout à fait normal car cela nécessite une grande concentration. Par exemple, avant une représentation importante, les acteurs passent au moins une heure à se préparer physiquement. Ils veillent tout particulièrement à se détendre et à se mettre en condition afin d'être capables de bien communiquer.
Si vous souhaitez faire impression sur votre public, il est utile de faire le même type de préparation. En vous préparant physiquement, vous commencez déjà à contrôler l'ascendant que vous voulez créer.
Si vous devez faire une présentation formelle, votre préparation physique se doit d'être encore plus complète ; à cet effet, elle peut nécessiter de pratiquer les exercices suivants.

Exercices de relaxation physique

Remuez les différentes parties de votre corps pour éliminer les tensions musculaires ; fermez les yeux et concentrez-vous sur chacune des parties de votre corps à tour de rôle, en vérifiant s'il persiste des tensions ; respirez profondément et lentement, en alternant inspiration et expiration, tout en ordonnant à chaque zone corporelle de se libérer et de se relaxer.

Exercices de voix pour détendre la gorge et les cordes vocales

Fredonnez doucement, faites des sons simples tels que des « ooohh » et des « aaahh ». Dites à haute voix une phrase difficile à prononcer telle que « Les chaussettes de l'archiduchesse sont-elles sèches ou archisèches ? », histoire de détendre les muscles de la parole.
Cet échauffement active à la fois votre esprit, votre corps, votre respiration et votre voix. Il vous aide à être totalement prêt pour atteindre le but que vous vous êtes fixé.

6. ÊTRE AUTHENTIQUE

Être simplement vous-même, dans un monde qui cherche en permanence, jour et nuit, à vous changer en quelqu'un d'autre, cela veut dire qu'il vous faudra mener la plus difficile des batailles qu'il puisse être donné à un humain de mener ; et qu'il ne faudra jamais cesser de combattre.

E. E. Cummings, poète américain.

Un jour, dans un aéroport, un photographe demanda à Léonard Bernstein, célèbre chef d'orchestre, compositeur et pianiste, de s'asseoir sur une moto pour les besoins d'une photo. Il lui répondit : « Ce serait complètement truqué, je ne fais pas de moto ! » Ce à quoi le photographe rétorqua : « Je suis sûr que vous pourriez la conduire, si seulement vous vouliez essayer. » C'est alors qu'au plus grand étonnement de ses collègues, Bernstein sauta sur la moto, démarra, puis partit en trombe à travers l'aérodrome avant de ralentir pour faire quelques manœuvres délicates et revenir à l'emplacement prévu pour les photos. « Allez-y, maintenant, vous pouvez faire vos photos », dit-il au photographe.

Le monde actuel semble évoluer rapidement dans une direction opposée à celle de l'authenticité. La mondialisation, l'invasion de notre mode de vie par la technologie, la publicité, les produits et les services virtuels, les «spin doctors (façonneurs d'image œuvrant dans la politique ou les médias), les communications via Internet, y compris pour les échanges sexuels – tout semble converger pour dévaloriser ce qui appartient au monde du vrai et du durable, y compris dans le domaine des relations humaines.

QU'EST-CE QU'ÊTRE AUTHENTIQUE ?

Quand quelqu'un est authentique, c'est simplement qu'il est lui-même, pas quelqu'un d'autre et il n'existe aucune règle qui puisse définir comment la personne s'y prend.

Être authentique, c'est tout bonnement une parfaite adéquation entre le dedans et le dehors.

Tout le monde est authentique au moment de sa naissance. Il n'existe pas de bébés qui cherchent à être différents de ce qu'ils sont. Mais dès l'enfance, et tout au long de notre adolescence, notre spontanéité nous quitte peu à peu. Un jour arrive où nous finissons par nous demander : « Qui suis-je, en réalité ? »

Le clivage finit par devenir une seconde nature. En tant qu'adultes, il est parfois difficile voire impossiblede tomber le masque, ce qui permettrait aux autres de voir qui nous sommes réellement.
Lord Reith, le premier directeur général de la BBC, faisait partie de cette catégorie d'individus qu'il est difficile de cerner et d'autant plus qu'il était sujet à de sévères sautes d'humeur. Lors de la réception donnée pour le mariage de sa fille, l'un des invités dit au jeune marié, psychiatre de son état : « J'aimerais beaucoup rencontrer Lord Reith. Le futur gendre répondit alors : " Moi aussi ! " ».
L'auteure Marianne Williamson le formule ainsi :
« Notre plus grande peur, c'est que notre pouvoir soit sans

limites. C'est notre lumière, et non notre noirceur, qui nous inquiète le plus. Nous nous demandons si cette personne brillante, merveilleuse, talentueuse, fantastique, peut vraiment être nous-même. En réalité, ce qu'il faut se demander, c'est qui est la personne que nous oublions d'être. »
(Cette citation célèbre est souvent attribuée, à tort, à Nelson Mandela.)

L'authenticité est le support d'un charisme fort, celui qu'il est particulièrement souhaitable de posséder quand il s'agit d'avoir à diriger des gens. Mais attention, ce n'est pas à vous de décider si vous semblez authentique ou pas, ce sont les autres qui le décideront pour vous.

Les autres ont avant tout besoin de vous voir comme quelqu'un de fidèle à lui-même, comme quelqu'un qui se connaît bien et s'appuie sur ces qualités pour faire passer les messages qu'il juge nécessaires. On dit que Jean Tomlin, l'ancien DRH de Marks & Spencer, aurait parlé de lui-même en ces termes : « Tout en étant moi-même, il me faut canaliser certains aspects de ma personne en fonction du contexte où je me trouve. Ce que vous voyez n'est donc qu'une partie de moi-même. Pour autant, il n'y a rien de faux ou de fabriqué, c'est juste que je montre ce dont j'ai besoin en fonction d'une situation donnée. »

Pour que vous soyez authentique, il faut que les autres puissent entendre votre « vraie » voix et qu'ils perçoivent en vous les qualités qui vous rendent unique.
Au niveau personnel, une prestation authentique n'est possible que si vous êtes capable d'exprimer votre être profond, tout en restant très conscient de l'influence que vous avez sur ceux qui vous entourent. Pour cela, il faut que vous soyez doublement attentif.

- **D'une part, vous devez être à l'écoute de ce que vous faites ;**
- **d'autre part, vous devez développer une grande sensibilité**

pour capter l'effet que vous avez sur votre auditoire. De là provient l'alchimie dont nous parlerons plus tard dans l'ouvrage. C'est cela qui permet de créer une première impression marquante et durable, et d'établir une relation sur le long terme.

Le fait d'être authentique a des effets bien supérieurs au simple fait d'améliorer son niveau de communication, de renforcer la cohésion d'une équipe ou de faire connaître sa marque commerciale. En enlevant leur masque, les dirigeants, c'est vrai aussi pour l'ensemble des salariés, restent fidèles à eux-mêmes, avec une conscience aiguë de leurs buts et de leurs valeurs. « Je ne pouvais pas jouer à être quelqu'un d'autre que moi-même, il fallait que je sois "moi" », déclara la célèbre Karen Darby, après avoir échoué à la sélection pour devenir juge-dragon dans l'émission de téléréalité *Dragon's Den* (l'Antre du dragon), dont le but consiste à mettre en relation de jeunes entrepreneurs.

Quand vous avez l'occasion de rencontrer des personnes qui ne sont pas authentiques, vous sentez rapidement que quelque chose ne va pas. Il nous arrive d'ailleurs de nous dire que telle personne joue un rôle ou que telle autre n'est pas fiable. Faites l'exercice ci-après pour mieux définir ce qui vous rend authentique.

EXERCICE

Authenticité

1. Pensez à trois ou quatre personnes que vous connaissez directement ou par le biais de vos lectures – ou dont vous avez entendu parler – et que vous admirez profondément. Il peut s'agir de personnes vivantes ou décédées qui peuvent appartenir tout aussi bien au monde contemporain ou à l'Histoire.

2. Retenez ensuite un seul nom parmi tous ceux auxquels vous avez pensé.

3. Écrivez ci-dessous le nom de cette personne et faites la liste de ce que vous admirez le plus chez elle. J'éprouve de l'admiration pour :

Ce que j'admire le plus à son sujet, c'est (soyez aussi précis que possible) :

4. En quoi cette personne vous paraît-elle authentique ?

5. À votre avis, comment cette personne parvient-elle à faire ressentir son authenticité ?

6. Comment faites-vous, personnellement, pour faire ressentir votre authenticité ?

Être soi-même et non chercher à imiter quelqu'un d'autre

Si vous admirez vraiment quelqu'un, il est tout à fait compréhensible que vous ayez envie de lui ressembler. Pour autant, il n'est pas question de le faire sans discernement. Car vous ne pouvez en aucun cas devenir la personne que vous admirez : elle, c'est elle, et vous, c'est vous. Le contraire de l'authenticité, c'est de penser ou de se comporter comme quelqu'un de différent de soi-même.

L'obsession de la célébrité pousse au manque d'authenticité, laissant croire qu'il est possible de devenir riche ou célèbre sans avoir besoin d'être fidèle à soi-même.

« Pendant les années 80, chez General Electric, tout le monde voulait ressembler à Jack Welch », raconte Kevin Sharer, qui fut longtemps son bras droit avant de devenir le PDG de la société. Lui-même avait compris d'emblée qu'il « faut être soi-même, et non chercher à imiter quelqu'un d'autre ».

Pendant nos ateliers de développement d'Impact personnel », il nous arrive d'entendre les participants dire les phrases suivantes :

- « Moi, j'ai l'impression d'être une personne différente au bureau et à la maison… et il m'arrive de ne plus bien savoir laquelle est vraiment moi. »
- « J'en ai marre de chercher à deviner les motivations secrètes des uns et des autres ; je me demande ce que nous arriverions à faire si tout le monde était plus soi-même. »
- « Je m'adapte très facilement, mais je ne suis pas sûr(e) que copier le style de management de mon patron me convienne vraiment. »
- « J'aimerais vraiment être moi-même, mais je ne crois pas que ça marcherait ici. »

Du coup, les individus qui se rendent à leur travail en portant un masque se demandent pourquoi ils n'ont pas l'ascendant sur autrui qu'ils aimeraient avoir. Ceux qui viennent à nos ateliers font souvent part de leur étonnement quand ils découvrent que ce qui marche le mieux provient essentiellement de ce qu'ils ont en eux-mêmes, et non de l'extérieur. Ils nous demandent, légèrement incrédules : « Vous voulez dire qu'il me suffit d'être moi-même ? » Quand vous leur affirmez que c'est exactement ce dont ils ont besoin, leur soulagement devient presque palpable.

Les gens qui pensent être autenthiques s'imaginent parfois que cela les autorise à tout exprimer, y compris leur colère, leur impatience ou leur agacement, sans tenir compte de l'effet que ces manifestations peuvent avoir sur autrui. En fait, une réputation bâtie sur l'authenticité nécessite une gestion constante et attentive de soi-même.

SUIS-JE AUTHENTIQUE ?

« Je ne crois pas un mot de ce que vous dites ! », dit un jour un journaliste à un homme politique britannique. « Tout est faux en vous, même vos cheveux. On dirait une perruque et ce n'en est pas une ! » Comment pouvez-vous savoir que vous n'avez pas l'air authentique ? Pour répondre à cette question, on dispose de deux sortes d'indices, internes et externes.

Cherchez l'indice

- **Les indices internes** montrent que vous n'êtes pas complètement impliqué dans ce vous dites, en quelque sorte, que vous êtes déconnecté de ce qui compte vraiment à vos yeux. Vous-même savez bien que c'est une attitude et que votre vrai « moi » n'a pas le droit de se manifester. Vous cachez vos pensées, vous cherchez à camoufler vos sentiments et vous censurez fortement ce que vous dites.

- **Les indices externes** correspondent au fait que vous ne vous appuyez pas sur ce que vous pensez et que vous privilégiez ce qui est pratique ou facile à aborder. Vous êtes prisonnier de la pression que les autres exercent sur vous et faites des choses dont, à la réflexion, vous savez qu'elles ne sont pas justes, voire carrément douteuses.

Un jour, au cours d'une séance de questions à la Chambre des communes, le député britannique David Cameron lança le mot d'« imposteur » à la figure du Premier ministre de l'époque, Gordon Brown. Cela fit l'effet d'une bombe, témoigne un commentateur, du fait de l'impact majeur qu'eut l'utilisation d'un tel mot dans la bouche du chef du parti conservateur. S'il semble admis que l'on attende moins d'authenticité de la part des célébrités, il n'en est pas moins vrai que l'une des accusations les plus destructrices qu'on puisse faire consiste à dire que leur personnage est complètement falsifié.

Vous ne pouvez pas vous réveiller un beau matin en disant : « Aujourd'hui, je vais être authentique ! » Car être authentique n'est pas seulement un but, c'est le fruit de tout un processus.

Pour cela, vous devez en permanence admettre et corriger votre faillibilité. Tout se joue dans :
- **Votre désir d'être vrai,** de n'être ni faux ni artificiel. « Si vous cherchez à être authentique seulement pour le principe, vous ne pourrez jamais être authentique », disait le philosophe Jean-Paul Sartre. Autrement dit, notre recherche de l'authenticité n'a de sens que si celle-ci compte réellement à nos yeux.
- **Le type de contact que vous êtes capable d'établir avec les autres** et votre capacité à leur faire comprendre que l'on peut vous faire confiance.

Signes indiquant que vous manquez d'authenticité

- Vous ne vous liez d'amitié qu'avec des personnes ayant quelque chose à vous offrir ou qui pourraient vous être utiles pour l'avenir.
- Vous êtes imbattable pour collectionner les cartes de visite professionnelles et les numéros de téléphone qui pourraient vous servir, mais vous avez peu de vrais amis et/ou peu de relations fortes avec autrui.
- Vous avez tendance à manipuler les autres pour obtenir ce que vous voulez, sans vous préoccuper de l'effet que cela peut avoir sur eux ou sur vous-même.
- Vous vous laissez manipuler par les autres.
- Vous prêtez attention à vos comportements dans la mesure où vous pensez que cela vous permettra d'obtenir l'approbation d'autrui, sans vous préoccuper de ce que vous pensez d'eux.
- Vous n'êtes pas sincère vis-à-vis de vous-même.
- Vous vous sentez isolé, peu respecté et peu impliqué dans vos relations avec les autres.

On résume souvent la notion d'authenticité par ces mots : « Ce que vous voyez est ce qui existe. » Cela peut paraître presque absurde, mais la meilleure façon d'être plus authentique, c'est... d'être plus soi-même !
Le comique George Burns, parlant de l'honnêteté, disait à son propos : « Si vous pouvez la feindre, c'est que chez vous elle est contrefaite. » Il aurait pu faire cette remarque au sujet de l'authenticité, tout aussi bien. Toutefois, faire semblant d'être authentique est bien plus difficile qu'être simplement soi-même.

Selon une enquête réalisée auprès de plus de 1 000 dirigeants d'entreprise, choisis pour leur authenticité et leur efficacité, il apparaît que ceux-ci s'autoanalysent en permanence au gré des situations réelles qui se présentent à eux. Tous désirent mieux comprendre ce qui anime leur capacité à diriger et tous ont compris que le fait d'être authentique les rend plus efficaces.
Même si vous n'êtes pas dirigeant au sein d'une grande entreprise, les résultats de cette étude sont encourageants. Ils mettent en évidence un processus tout à fait jouable qui consiste à s'évaluer régulièrement pour ensuite faire le point.

Il est important de se poser les bonnes questions : « Qui suis-je ? Qu'est-ce qui m'importe vraiment ? Qu'est-ce que je veux ? »

Il ne faut pas s'imaginer que l'authenticité se mettra en place d'elle-même, par le simple effet d'un entraînement intensif ou croire que l'on puisse naître avec un gène « authenticité » inscrit dans son génome.

FAIRE LE POINT SUR VOTRE STYLE PERSONNEL

Votre style personnel influence la façon dont les autres ressentent votre authenticité. Vous pouvez, par exemple, vous considérer comme quelqu'un de poli et de détendu, ayant du self-control. Mais est-ce bien comme cela que vous apparaissez ?
Imaginez que vous possédez votre propre agence de relations publiques et qu'elle travaille à votre image, ou qu'une importante agence de pub a été sélectionnée pour vous faire connaître au monde entier. L'un des points que ces professionnels voudraient définir avec vous est le suivant :

Quelle est votre marque de fabrique personnelle ?

Votre marque de fabrique comprend tout ce que vous dites et tout ce que vous faites : votre façon de parler, de penser, de regarder, de bouger et d'agir. Un peu comme si vous étiez une société dont le nom serait « Moi SA ». À quoi ressemblerait-elle ? De même que nous admettons immédiatement que les marques Levis, Zara, Apple ou Nokia ont chacune leur style et leur image personnelle, dites-vous qu'il doit en être de même pour la marque « Moi SA ». Plus vous serez conscient qu'il vous faut votre propre marque, plus vous parviendrez à établir votre authenticité et à renforcer votre « effet charisme ».

Comment décririez-vous la marque de fabrique personnelle des personnages suivants ?

Zlatan Ibrahimovic
Nicolas Sarkozy
Isabelle Adjani
Gérard Depardieu
Georges Clooney
Barack Obama
François Hollande
Simone Veil
Johnny Halliday
Gad Elmaleh

Pensez-vous qu'ils aient un style bien à eux, et, dans ce cas, à quoi leur style est-il lié ?
À quel point cela les rend-il authentiques à vos yeux ?

EXERCICE

Style personnel (1)

Voici quelques éléments pour faire le point sur votre style personnel et y réfléchir. Remplissez les espaces ci-dessous et essayez d'expliquer pourquoi vous avez choisi ces réponses.

1. Si j'étais une voiture, je serais… (par ex., une Mercédès)

____

Parce que… (par ex., ce qui compte pour moi, c'est la qualité le style)

____

____

2. Si j'étais une nourriture, je serais...
(par ex., un pamplemousse)

Parce que... (par ex., je suis un peu acide,
mais bon pour la santé)

3. Si j'étais un magasin, je serais...
(par ex., les Galeries Lafayette)

Parce que... (on y trouve toujours de belles choses)

- Que vous suggèrent vos réponses au regard de votre style ?

- Pensez-vous que vos amis et collègues seraient d'accord avec vos réponses ?

- Jusqu'à quel point mettez-vous chaque jour en pratique la « marque » que vous estimez être la vôtre ?

- Utilisez les données ci-dessus pour effectuer le deuxième exercice.

EXERCICE

Style personnel (2)

1. Imaginez que vous avez rendez-vous avec l'agence de relations publiques que vous avez créée, ou avec votre agence de pub, et que ses experts veuillent vous pousser à exprimer votre authenticité. Ils commenceront naturellement par vouloir se faire une idée plus précise de votre marque de fabrique et de votre style spécifique. Comment leur décririez-vous votre marque ?

Exemple : Ma marque est plus proche d'une Toyota que d'une BMW. Je fournis de la qualité sans en faire toute une histoire et ne cherche pas à vous impressionner coûte que coûte. Je veux être perçu comme une marque qui donne satisfaction à ses clients – en clair, je veux que les choses soient bien faites et vous pouvez compter sur moi. Je suis également comme ces magasins qui assument leurs responsabilités, dans la mesure où je ne vous en voudrais pas si vous trouvez quelque chose à redire sur ce que je fais. Si cela se produisait, j'accepterais d'avoir commis une erreur et j'essaierais de la corriger. Autre point important, je fonctionne un peu comme la banque First Direct, en ce sens que je suis facilement disponible et que je me montre patient et aimable si on a besoin de me contacter.

2. En deuxième lieu, vos consultants décident de vous trouver un logo qui puisse représenter qui vous êtes et ce que vous défendez. À quoi ce logo ressemblerait-il ? Dessinez-le. Ne vous contentez pas de le décrire ! Même si vous ne savez pas dessiner, essayez quand même.

En reprenant ce qui précède, ainsi que les résultats des exercices de « style personnel », qu'avez-vous appris de votre style et de la façon dont vous le mettez en scène ?

ÊTRE VOUS-MÊME : VOS VALEURS

Une différence marquée entre la vision que vous avez de vous-même et celle que les autres ont de vous peut s'avérer réductrice quant à votre capacité à exprimer votre authenticité. Si vous prenez conscience de cette différence, vous identifierez plus facilement les points sur lesquels il vous faut travailler.
Pour être authentique, il faut que vous fassiez ce qui suit :

Faites ce que vous dites et dites ce que vous faites

Être cohérent, lorsque vous communiquez, renforce votre impact auprès de ceux à qui vous vous adressez, car ils peuvent faire confiance à ce que vous dites. Par exemple, que vous fassiez une promesse ou un compliment à quelqu'un, ou que vous lui demandiez de l'aide, il faut que vous le pensiez vraiment. Toute distorsion entre ce que vous dites et ce que vous pensez a un effet négatif sur votre capacité d'impact.

- « Rien que du bluff... »
- « Elle crie plus fort qu'elle ne frappe. »
- « Il vous promettra la lune si... »
- « Avec elle, des promesses, toujours des promesses... »
- « Vous pensez vraiment ce que vous dites ? »
- « OK, mais j'aimerais en être sûr. »
- « Je parie que ça ne se passera pas comme il le prétend. »

Plus vous êtes à l'aise avec les mots et mieux vous savez vous exprimer, plus il est important que vos paroles correspondent à ce que vous pensez vraiment. Par exemple, si vous êtes en colère, heureux, frustré, surmené, ennuyé, perdu, cachez-vous ce que vous ressentez derrière des platitudes, des phrases creuses et autres excuses ?

Exprimez clairement vos principes et agissez en les respectant

Quelles sont vos valeurs personnelles ? Est-ce que vous savez ce que vous défendez et ce que vous voulez faire partager aux autres ? Les autres vous voient-ils agir en fonction de ce qui vous importe vraiment ?

De nombreux dirigeants, par exemple, parlent avec enthousiasme de l'importance du service consommateur, alors qu'ils prouvent le contraire à leurs équipes en mettant en place des procédés qui vont dans le sens opposé.
En agissant ainsi, ils se décrédibilisent auprès de ceux avec qui ils travaillent.

Apprenez à utiliser les phrases suivantes :
- « Ce qui importe vraiment à mes yeux, c'est… »
- « Je considère très important que… »
- « Voici mon opinion sur… »
- « Ça ne me convient pas parce que… »
- « Ceci irait à l'encontre de ce en quoi je crois parce que… »
- « Ceci est une erreur parce que… »
- « C'est ça qu'il faut faire et c'est ce que je vais faire. »

Montrez que vous êtes fiable et que l'on peut compter sur vous

Si vous voulez être sûr de montrer que l'on ne peut pas compter sur vous, il vous suffit d'arriver en retard aux réunions, d'oublier ce que les autres vous ont demandé de faire et d'accepter des tâches que vous n'accomplissez pas… Quand l'un de mes collaborateurs de mes ateliers de développement personnel accepte de me fournir un livre ou une information dont j'ai besoin, il le note consciencieusement dans sa liste de choses à faire, laquelle se trouve dans le porte-documents qui le suit partout. Une fois qu'il l'a noté, je sais avec certitude qu'il ne manquera pas de s'en occuper. En plus de 20 ans de travail commun, il n'a que très rarement manqué à sa promesse. »

Se montrer fiable et sérieux est une qualité en or en matière d'impact personnel. Même si certains individus ont un fort impact personnel alors qu'ils ne sont vraiment pas fiables, on peut dire qu'ils y parviennent malgré leur comportement, et non pas grâce à lui.
- Considérez que c'est à vous seul qu'il incombe de libérer pleinement votre potentiel.
- Faites coïncider votre moi profond avec votre apparence extérieure.

EXERCICE

Valeurs personnelles (1)

PREMIÈRE ÉTAPE

Répondez de manière approfondie aux questions suivantes :

1. Pourquoi êtes-vous sur Terre ?
2. Qu'est-ce qui compte profondément à vos yeux ? Quelles sont vos valeurs ?
3. Que comptez-vous faire qui puisse donner un sens à votre vie ?

DEUXIÈME ÉTAPE

1. Relisez et corrigez ce que vous avez noté jusqu'à ce que vous soyez satisfait et que vous estimiez que cela exprime réellement ce à quoi rime votre vie.
2. Saisissez-le sur votre ordinateur et imprimez-le.
3. Montrez-le à des personnes en qui vous avez confiance et que vous appréciez ; demandez-leur de vous dire ce qu'elles en pensent.

TROISIÈME ÉTAPE

1. En fonction des réponses et des commentaires obtenus, reprenez votre texte et corrigez-le jusqu'à complète satisfaction.
2. Imprimez le texte de préférence en format A3, sinon A4.
3. Affichez la page obtenue sur le mur en face de vous, ou à un autre endroit, de telle sorte que vous puissiez la voir tous les jours.
4. Lisez ce texte chaque jour et demandez-vous à chaque fois : « Est-ce que je fais vraiment ce que je veux faire de ma vie ? »

EXERCICE

Valeurs personnelles (2)

1. Pendant les sept jours de la semaine suivante, notez toutes les situations au cours desquelles quelqu'un a voulu vous pousser à faire quelque chose qui contredisait vos valeurs personnelles.

2. Décrivez par écrit ce dont il s'agissait et les sentiments que cela a provoqués en vous.

3. Comment avez-vous fait pour affirmer votre droit à agir avec authenticité ?

Tout ceci vous aidera à cerner la marche à suivre, à vous entraîner à agir de façon authentique. Par exemple, vous pourriez décider d'appliquer les directives suivantes :

- Rester vigilant et présent.
- Ne pas omettre de prendre note de vos erreurs.
- Prendre conscience des actions qui manquaient d'authenticité pour faire mieux ultérieurement.
- Solliciter régulièrement une critique honnête de la part d'autrui.
- Faire un inventaire personnel de vos valeurs.
- Exprimer ce que vous pensez.
- Parler de ce qui compte vraiment, au lieu de bavarder.
- Se montrer déterminé.
- Rester à l'écoute de ce qui vous passionne.

7. COURAGE !

Un brouhaha d'impatience se fit entendre parmi les participants. Ils s'apprêtaient en effet à écouter le discours d'un expert sur les meilleures méthodes de leadership. Finalement, l'orateur entra par l'arrière de la salle et, au grand étonnement de l'assistance, se mit à chanter à pleins poumons en marchant à grands pas vers la table de conférence. L'assistance réagit de manière positive au message enthousiaste et pertinent que le chant faisait passer. Lorsqu'il commença à parler, l'orateur avait déjà capté l'attention de tous : il avait déjà montré qu›il était un personnage charismatique.

Vous sentez-vous prêt à prendre des risques pour établir votre propre effet charismatique ? Ou bien détestez-vous prendre le moindre risque, tout en souhaitant améliorer votre ascendant sur autrui ? Si c'est le cas, peut-être faut-il alors que vous décidiez de faire le point sur votre capacité à prendre des risques.

SOYEZ IMAGINATIF... MAIS PAS TROP

Utiliser des moyens novateurs et stimulants pour mieux faire passer vos messages est un bon moyen de renforcer votre charisme, mais vous ne devez pas le faire de façon trop téméraire, sous peine de produire l'effet inverse. Par exemple, lors du premier rendez-vous avec un client, vous pouvez tenter de l'intéresser en lisant un poème, en lui montrant un dessin humoristique ou même en faisant un tour de magie. Mais il est certain que si vous plantez un couteau de boucher dans la table de conférence, cela risque de ne pas obtenir l'effet escompté ! On vous prendrait pour quelqu'un de téméraire, certes, mais aussi pour quelqu'un dont l'impact sur autrui n'est pas fameux...

Avoir du courage ne signifie pas forcément prendre des risques exagérés, cela peut aussi vouloir dire, tout simplement, que vous pouvez oser et vous servir de votre présence physique pour mieux vous imposer. Si vous faites partie de ceux qui s'expriment spontanément avec leurs mains, leurs expressions faciales et leurs attitudes corporelles, le courage ne devrait pas vous manquer. Mais ce n'est pas le cas de tout le monde.

Osez pour mieux vous imposer

Pour de nombreuses personnes, apprendre à s'exprimer à travers son physique demande sans conteste une certaine dose de courage. Pour apprendre à se montrer plus audacieux en matière de communication personnelle, il sera nécessaire de vous entraîner régulièrement et de rechercher, aussi souvent que nécessaire, l'avis d'autrui. N'hésitez pas à le demander clairement, si nécessaire.

PRENEZ DES RISQUES AVEC INTELLIGENCE

Prendre des risques pour mieux faire passer vos messages en vaut vraiment la peine, mais il est préférable que vous pesiez le pour et le contre, au préalable :

- Le bénéfice que vous pouvez en tirer doit être supérieur au risque que vous aurez pris au cas où cela ne se passerait pas comme vous le souhaitiez.
- Vous devez prendre conscience que la possibilité de vous retrouver dans la pire des situations est en réalité très faible (voir le tableau ci-après).

Par ailleurs, ce qui peut sembler très risqué ou exiger beaucoup de courage, à première vue, peut finalement s'avérer une crainte sans objet. Vous devez donc apprivoiser votre peur pour développer le courage d'être différent. Pour cela, faites maintenant l'exercice ci-dessous.

EXERCICE

Peur

- Trouvez un endroit calme et tranquille où vous êtes sûr que vous ne serez pas dérangé, pendant au moins une demi-heure.
- Allongez-vous sur le sol, les pieds en hauteur sur une chaise, avec un petit coussin sous la tête.
- Respirez lentement de façon régulière en inspirant et en expirant profondément.

- Énoncez vos peurs à voix haute : « J'ai peur de... »
- Commencez par des objets ou des animaux : araignées, voitures, ordinateurs...
- Continuez par des situations possibles : faire une communication en public, entrer dans une pièce remplie d'inconnus, rencontrer votre patron en tête à tête...
- Mentionnez ensuite les personnes qui vous font peur, que ce soit votre boss, un collègue de bureau, vos parents, votre sœur, etc.
- Finissez en énonçant à voix haute le nom de personnes ou d'événements qui, par le passé, vous ont fait peur. Existent-ils encore ? De quoi avez-vous le plus peur actuellement ? Des catastrophes climatiques, du terrorisme, des maladies ? Que craignez-vous dans le futur ?
- Assurez-vous de faire cet exercice à voix haute, non dans le secret de votre tête.

Au cours de cet exercice, il n'est pas impossible que vous vous sentiez au bord des larmes, que vous ressentiez de l'anxiété ou des tensions physiques, ou même que vous soyez pris d'un besoin urgent de vous lever pour faire quelque chose de complètement différent. Obligez-vous à continuer, néanmoins.

Nommer ses peurs, en effet, c'est déjà leur faire perdre un peu du pouvoir qu'elles exercent sur nous.

Vous devez être capable de faire preuve de résilience émotionnelle...

Dans le cas où les résultats de votre prise de risque ne seraient pas favorables, vous devez prendre sur vous. Cette faculté de résilience, dans la plupart des cas, s'acquiert au fil des prises de risque que l'on a tentées.

Étonnamment, il existe des gens qui n'ont pas peur de prendre des risques physiques, tels ceux que l'on prend en faisant de l'alpinisme, du rafting ou du canyoning. Or, paradoxalement, ces mêmes personnes font tout leur possible pour éviter de prendre le moindre risque quand elles sont en société, alors que le but recherché consiste simplement à mieux faire passer ses messages…
Par ailleurs, selon que vous êtes quelqu'un d'introverti ou d'extraverti, votre façon de prendre des risques n'est pas la même. Les individus extravertis trouvent souvent amusant de prendre des risques, car, à leurs yeux, il s'agit d'un comportement associé au fait de se montrer sociable et affirmé. Les individus introvertis, au contraire, peuvent trouver cela déplaisant.

Dans la mesure où l'on ne peut pas facilement modifier son mode de comportement dans ce domaine, il peut être utile de savoir à quelle catégorie l'on appartient, et en quoi celle-ci influence, en la favorisant ou en la diminuant, sa capacité à prendre des risques.

Évaluer au mieux la prise de risque : le pour et le contre

1. Vous appelez un client au sujet de la commande que vous essayez de décrocher.

- **Le contre,** c'est-à-dire le pire qu'il puisse arriver : le client refuse de passer commande et décide de mettre fin à ses relations avec vous.
- **Le pour,** c'est-à-dire le mieux qu'il puisse arriver : le client passe commande et vous établissez avec lui une relation profitable et durable.

2. Lors d'un entretien à deux, vous demandez à un collaborateur d'améliorer ses performances.

- **Le contre :** le collègue se met en colère, puis donne sa démission en vous accusant de le maltraiter ou de faire preuve de discrimination à son encontre.
- **Le pour :** le collègue vous remercie de votre franchise, accepte d'essayer de faire des efforts et, au final, fait votre éloge auprès des autres.

3. Vous entrez dans une pièce et commencez à parler à la première personne qui vous semble disponible.

- **Le contre :** la personne vous tourne le dos de façon impolie et s'éloigne à grands pas en vous laissant en rade.
- **Le pour :** la personne a l'air enchantée de vous rencontrer, vous devenez amis ou partenaires professionnels pour la vie, ce qui vous conduit à remporter un contrat majeur.

Dans chacun de ces cas, à votre avis, combien y a-t-il de chances que le pire se produise ? Si leur nombre est extrêmement faible, alors le risque peut valoir la peine d'être pris, car le meilleur peut toujours advenir.
Faire cette analyse mentale, c'est ce qui s'appelle prendre des risques de façon intelligente.

Renforcer votre charisme en prenant des risques peut vous amener à :

- Avoir le courage de questionner ou contester les autres ;
- Adopter un point de vue personnel et à l'exprimer ;
- Défendre vos positions face aux autres ;

- Accepter d'autres options sans vous mettre sur la défensive ;
- Vous servir pleinement de votre présence physique.

POUSSEZ LES AUTRES À S'INTERROGER

Un jour, le nouveau PDG d'une compagnie d'assurances décida d'organiser une réunion pour rencontrer tous les employés de la société. Après les présentations d'usage, il prit le risque de raconter une anecdote personnelle où il lui avait fallu traiter avec une agence de voyage. Le service client de cette agence l'avait accueilli de manière exceptionnelle, et c'est précisément le sentiment de gratitude qu'il avait éprouvé alors qu'il tenait à partager aujourd'hui avec toutes les personnes présentes. Tout en regardant l'assistance, il demanda alors si quelqu'un dans la salle avait eu récemment l'occasion d'être confronté à un service clientèle.

Très rapidement, des gens qui, en temps normal, n'auraient jamais osé s'adresser directement à leur patron, commencèrent à raconter leurs propres expériences avec des services client. Au moment qui lui parut le plus opportun, le PDG sourit et expliqua qu'il souhaitait que les assurés aient envie de parler à leurs amis en ces termes quand ils évoquaient la compagnie ; et, tout particulièrement, quand il s'agissait de son remarquable service client.

Après un silence plein d'étonnement, quelqu'un finit par dire : « Mais nous avons toujours été bien notés lors des enquêtes annuelles concernant la qualité des services client ! « Le PDG acquiesça d'un signe de tête et ajouta : « Je suis tout à fait d'accord, pour moi, il est clair que nous avons justement les bases nécessaires pour construire un service exceptionnel. C'est ce que je veux que nous fassions. Je m'y impliquerai

personnellement et je veux que vous fassiez de même. »
Après la réunion, les uns et les autres parlèrent longuement de leur nouveau PDG et de la façon dont il avait réussi à les accrocher et à les rendre enthousiastes quant à sa vision future de la compagnie. Personne ne prononça le mot « charisme », mais le PDG en avait largement fait la preuve, avec son art consommé de poser des questions et de lancer des défis.

ET VOUS, VOUS SENTEZ-VOUS À L'AISE POUR PARLER AVEC LES AUTRES ?

Et pour aborder avec eux des sujets sur lesquels vous n'êtes pas forcément d'accord ? En général, les individus qui ont une grande influence sur autrui ont le courage de bousculer le statu quo établi, de gérer les conflits et de poser les questions qui dérangent, même si cela leur aliène un certain nombre de personnes.

Si communiquer peut effectivement être une bonne façon d'améliorer son charisme, il est préférable de le faire de manière constructive et non de manière destructrice. Si vous vous plaignez sans arrêt de ce qui arrive, si vous soulevez toujours des questions auxquelles il est impossible de répondre, si vous êtes en désaccord fréquent avec les autres et que vous apparaissez comme quelqu'un avec qui il est difficile de travailler, les gens vous verront comme une personne qui leur parle de manière déplaisante. Les affirmations constructives, positives sont stimulantes, au contraire.

Elles impliquent une nouvelle façon de penser, offrent des solutions alternatives et attisent l'intérêt pour le sujet en cours. Il n'est pas forcément nécessaire de s'exprimer de façon compliquée. Ceux à qui vous vous adressez ont simplement besoin de vous percevoir comme quelqu'un qui a le goût du défi et veut toujours mieux faire, non comme quelqu'un de vindicatif.

Les personnes très charismatiques cultivent l'art de poser les bonnes questions, de façon à rendre les choses plus vivantes sans se montrer pour autant menaçants.

Cela est dû en partie au fait que leur manière de procéder est plutôt amicale, évitant de donner aux autres le sentiment qu'ils ont complètement tort.

Exemples

Phrase destructrice : « Votre stratégie n'a aucun sens, comment diable avez-vous pu en arriver là ? »
Affirmation constructive : « Pouvez-vous me détailler votre stratégie, afin que je puisse comprendre comment vous en êtes arrivé à cette idée ? »

Phrase destructrice : Notre service client est complètement nul, et vous le savez ! »
Affirmation constructive : « Notre service client actuel me semble avoir un grand besoin d'amélioration, êtes-vous d'accord avec moi ? »

Phrase destructrice : « Comment se fait-il que vous soyez incapable, une fois de plus, de rendre votre compte rendu à temps ? »
Affirmation constructive : « À votre avis, qu'est-ce qui vous empêche de remettre vos rapports à l'heure ? »

EXERCICE

Soyez cons-truc-tif

Modifiez les phrases suivantes, de telle sorte que les phrases deviennent constructives :

« Vous avez complètement tort. Ce n'est pas de cette façon que nous avons l'habitude de travailler. »

« Allez, ça recommence. Cette équipe est encore en train de perdre son temps sur un débat sans intérêt. »

« Si vous arrivez à trouver un meilleur fournisseur que nous, faites-le moi savoir. »

« Ce programme n'a pas de sens, pourquoi ne s'occupe-t-on pas des sujets qui ont vraiment de l'intérêt ? »

« Ça vous inspire peut-être, mais moi pas du tout ! »

Faites le portrait de façon positive de personnes qui font partie de votre vie :

AYEZ UN AVIS PERSONNEL ET L'EXPRIMEZ-LE

Si vous ne savez pas où vous allez, n'importe quel chemin peut vous y conduire. Sans avis personnel, vous devenez moins intéressant aux yeux des autres et cela fait baisser votre charisme. Les gens qui font preuve d'une grande capacité d'impact ont presque toujours un point de vue bien à eux,

qu'ils expriment sous l'une des formes suivantes :
- **« Mon point de vue, c'est... »**
- **« La façon dont je vois les choses, c'est... »**
- **« Ce qui importe à mes yeux à ce sujet... »**
- **« Ce que je veux, c'est... »**
- **« À mon avis... »**
- **« Je préférerais que... »**

Vous arrive-t-il parfois de ne pas avoir d'opinion personnelle sur un sujet donné ?

Dans ce cas, j'imagine que vous restez assis, silencieusement, redoutant de donner votre avis au cours de la discussion. Les raisons à cela peuvent être multiples.
- **En premier lieu,** il est possible que le sujet ou la situation en question vous paraissent se situer en dehors de vos compétences.
- **Mais vous pouvez également avoir un point de vue personnel** sans parvenir à l'exprimer pour autant. Si c'est le cas, vous ressentirez une grande frustration quand vous réaliserez ce que vous auriez pu dire, mais que vous n'avez pas dit...
- **Enfin, troisième possibilité,** il se peut qu'on ne vous ait pas habitué à donner votre opinion, en particulier si personne ne vous demande expressément de le faire.

Mais peu importent ces raisons, vous pouvez tout à fait émettre votre avis sur un sujet spécifique en le préparant soigneusement, c'est-à-dire en vous interrogeant à son propos et en rassemblant des informations qui vous le rendront plus familier.

Préparez le sujet à l'avance

Vous verrez alors les choses sous différents aspects ; par conséquent, vous aurez plusieurs opinions sur le sujet, alors que celles-ci ne vous seraient pas apparues en étant au cœur de l'action. Quand vous devez participer à une réunion, à une entrevue en tête à tête ou à toute autre situation nécessitant de bien communiquer, assurez-vous d'avoir un certain nombre de phrases déjà préparées.

• **Pour progresser, utilisez tous les moyens qui pourraient vous être utiles :** lisez beaucoup, notez vos idées par écrit, creusez le sujet à fond, parlez-en à l'avance avec d'autres personnes, etc.

• **Le fait de poser des questions** permet souvent d'élargir le sujet, ce qui vous aidera à vous forger une opinion personnelle à partir des informations complémentaires ainsi obtenues. N'oubliez pas qu'il est préférable de poser des questions ouvertes, car elles encouragent autrui à vous donner une réponse plus complète qu'un simple oui ou non.

• **Associer le problème à quelque chose** qui vous est familier peut faciliter votre compréhension de la situation et vous aider à cerner votre point de vue personnel.
Par exemple, vous pouvez utiliser :
– Vos valeurs personnelles ;
– Vos expériences passées ou quelque chose que le problème actuel vous rappelle ;
– Une tactique ou des directives déjà existantes ;
– Les opinions des autres, surtout si elles sont bien ancrées, et les réflexions qu'elles provoquent en vous ;
– Quelque chose qui n'a rien à voir, afin d'apporter un éclairage différent.

Exprimez votre point de vue

• **Avoir une opinion établie ne suffit pas, encore faut-il avoir le courage de l'exprimer.** Vous devrez le faire parfois sans attendre qu'on vous l'ait demandé. En d'autres occasions, il sera préférable d'attendre un moment opportun – celui où les gens seront prêts à recevoir votre avis. Quand on aura réalisé que vous avez souvent un avis personnel à donner, on souhaitera le connaître. C'est la raison pour laquelle, lors de réunions, on voit souvent des participants se tourner vers certains individus, avec l'air d'attendre quelque chose. Ils savent d'expérience que ces personnes ont leur propre point

de vue, et désirent le connaître.
- **Rester silencieux et garder son opinion pour soi** permet de créer une aura de mystère qui n'est pas dénuée d'intérêt, parfois, mais obliger les autres à se donner du mal pour avoir votre avis peut limiter votre ascendant sur eux.
- **Profitez d'un creux dans le flot des conversations** pour prendre votre courage à deux mains, et exprimez-vous ! Toutefois, si tout le monde est en train de parler, il est sans doute préférable de rester tranquille. Mais vous laissez le champ libre à ceux qui parlent haut et fort, et vous pourriez laisser passer la chance de faire connaître votre avis.
- **S'il n'y a pas de pause dans les conversations,** vous pouvez essayer une technique qui consiste à s'exprimer à voix basse au milieu du brouhaha. Il faut attendre qu'il y ait un peu moins de bruit, même brièvement, pour dire clairement, sans agressivité : « S'il vous plaît, je voudrais dire quelque chose. » Si les gens vous ignorent, répétez cette phrase plusieurs fois en augmentant progressivement le son de votre voix, jusqu'au moment où les gens n'auront pas d'autre choix que de s'arrêter et de vous écouter. Il faut une certaine dose de courage pour appliquer cette méthode, certes, mais elle vous garantit d'obtenir l'attention de l'assistance.

Pour autant, faites attention à ne pas vous montrer sous le jour d'un individu dogmatique, qui a toujours son mot à dire sans se préoccuper de savoir si les autres ont envie de l'entendre.

C'est un piège dans lequel tombent souvent les managers ou les leaders imprudents. Car si les gens s'enquièrent constamment de votre opinion, vous risquez d'en conclure que vous devez la donner immédiatement, disant ce qu'il est bon ou pas de faire ou de ne pas faire. Or se prononcer trop vite peut saper votre impact auprès d'autrui. À moins que ce ne soit pour faire des compliments, bien sûr, pour notifier que vous avez pris bonne note de la qualité du travail accompli, par exemple, ou pour féliciter quelqu'un quant aux résultats obtenus. Ne tombez pas dans le piège qui consiste à donner sans arrêt son opinion.

Par ailleurs, il n'est pas sans danger de livrer son opinion quand les uns et les autres commencent à vous raconter leurs difficultés. Les commerciaux trop confiants font souvent cette erreur, imaginant que le client sollicite leur avis. En fait, ce dernier veut simplement partager ses problèmes, sans vouloir pour autant qu'on les résolve avec lui.

Dans le milieu professionnel, vous pouvez développer votre capacité d'écoute en posant ce type de questions :
- « Les autres ressentent-ils la même chose ? »
- « Quel effet cela a-t-il sur vous ? »
- « C'est quelque chose de récent ? »
- « Est-ce que cela vous est déjà arrivé ? »
- « Qu'est-ce que vous croyez qu'ils veulent en échange ? »
- « C'est ce que vous espérez ? »
- « Vous pouvez m'expliquer cela un petit peu mieux ? »

DÉFENDEZ VOS IDÉES

Jacqueline Gold est la PDG du groupe international Ann Summers : « Mon test courage à moi, dit-elle, je le vis quand je

me retrouve en minorité, ce qui m'arrive souvent. »
Le charisme de cette femme d'affaires britannique consiste en un mélange d'aisance et de courage pour tenir bon et dire ce qu'elle pense sur les points qui lui tiennent vraiment à cœur. Si l'on peut considérer que l'« effet charisme » de Jacqueline Gold n'a pas atteint son degré maximal, son impact personnel est néanmoins très puissant.

« Vous n'aimez pas mes principes ? Ce n'est pas grave, j'en ai plein d'autres », plaisantait Groucho Marx.

Osez-vous affirmer

Confrontées à la critique, au rejet ou à l'hostilité, certaines personnes s'effondrent. Au lieu de prendre le risque de se retrouver en conflit avec qui que ce soit, elles préfèrent opter pour des silences pleins de sous-entendus ou, pire encore, abandonnent leurs idées.
Avoir de l'ascendant sur autrui est donc lié en partie au fait de défendre ses points de vue, en prenant éventuellement le risque que certaines personnes ne soient pas d'accord avec vous. Et, à moins que vous ne cherchiez la bagarre, cela n'implique nullement le conflit. Tout au contraire, il suffit d'affirmer votre droit à défendre votre opinion ou vos valeurs et de demander que les autres les considèrent avec respect. Un excellent moyen de défendre vos idées consiste d'ailleurs à vous montrer respectueux de l'opinion d'autrui, au lieu de la décrier.

Pour cela, vous pouvez utiliser les phrases suivantes :
- « J'ai bien entendu ce que vous avez dit, néanmoins je vois les choses différemment. »
- « Je me rends bien compte que vous n'êtes pas d'accord, mais je pense que mon opinion doit également être prise au sérieux. »
- « C'est quelque chose d'important pour vous, c'est évident, mais cela l'est aussi pour moi. »
- « Ce qui m'importe vraiment, c'est... »

Il peut vous paraître risqué de défendre ainsi vos idées, en particulier si personne ne semble d'accord avec vous d'emblée, mais il y a de bonnes chances que ce sentiment de ne pas être au diapason soit faussé. En réalité, quand les gens réalisent que vous défendez vaillamment votre point de vue, il n'est pas rare qu'ils changent d'avis et deviennent vos meilleurs soutiens.

Accepter les points de vue d'autrui

Une personne ayant un point de vue assuré, mais qui ne cherche pas à vous l'imposer pour autant, comme s'il fallait que vous adoptiez immédiatement sa façon de voir, suscite généralement de l'admiration. Montrer aux autres que vous êtes suffisamment courageux pour écouter l'avis d'autrui sans devenir agressif vous permettra de renforcer votre impact personnel.

Comme nous l'expliquerons au chapitre 10, vous pouvez essayer d'utiliser la technique « accepter et construire » : quand quelqu'un met en avant une opinion différente de la vôtre, plutôt que de la rejeter, mieux vaut s'en servir comme point d'appui. Par la suite, il n'est pas impossible que cela vous permette de trouver un lien avec vos propres points de vue, et que cela participe, en outre, à renforcer vos positions personnelles.

BIEN COMMUNIQUER AVEC SES GESTES

La plupart d'entre nous ne réalisent pas l'importance des messages corporels. Par ailleurs, ils n'y voient rien qui soit relatif au courage. Pourtant, les expressions corporelles peuvent demander du courage, et si l'on regarde avec attention les gens qui exercent une forte influence sur autrui, on se rend compte qu'ils ne craignent pas de faire des gestes déterminés, voire expansifs. Cette détermination se traduit par diverses façons d'utiliser son corps pour faire passer le message souhaité, que ce soit en restant complètement immobile, en riant de façon tapageuse, en prenant un air extrêmement concentré ou en faisant des gestes avec les mains pour mettre l'accent sur un point particulier.

Attitude, attitude

Et vous, en ce qui vous concerne, votre façon de marcher est-elle celle d'un vainqueur, ou celle d'un perdant ? À quoi ressemblez-vous quand vous entrez dans une pièce ? Donnez-vous l'impression de quelqu'un qui a confiance en lui, ou de quelqu'un qui en manque ? Utiliser votre charisme, cela veut dire qu'il faut avoir le courage de rejeter tout ce qui nourrit vos doutes, au moins temporairement, pour leur substituer une présence affirmée.

Faites — Ne faites pas

Au cours de leur formation, les acteurs apprennent très vite, quand ils sont sur scène, que leur comportement physique reflète leur état d'esprit. Ils s'entraînent donc à marcher comme s'ils étaient des loosers, ou, au contraire, comme si le monde leur appartenait. Le courage consiste donc ici à décider que vous voulez vous comporter comme quelqu'un qui a une position élevée, plutôt que le contraire.

EXERCICE

Statut

1. Tâchez de trouver une pièce vide et suffisamment grande pour y circuler librement.
2. Prenez ensuite un jeu de cartes et gardez seulement celles qui sont comprises entre les as et les dix.
3. Mélangez-les et prenez-en une au hasard.
4. Le numéro de la carte définit alors votre statut, compris entre 1 (bas) et 10 (très haut).
5. En fonction du numéro que vous avez tiré, commencez à marcher dans la pièce comme s'il s'agissait de votre vrai statut.
6. Prenez ensuite une autre carte et marchez dans la pièce en fonction de votre nouveau statut. Imaginez que vous entrez dans une pièce avec ce même statut.
7. Pour finir, tirez une dernière carte et adoptez son statut.

Qu'avez-vous appris en faisant cet exercice ?

- Comment vos attitudes corporelles se sont-elles modifiées en fonction des différents statuts ?
- Qu'avez-vous ressenti dans chacun de ces cas ?
- Qu'est-ce que la pratique de cet exercice vous a enseigné sur la manière dont vous pourriez entrer dans une pièce ?

Courage et charisme

En 2009, à Londres, l'acteur David Tennant fut obligé de stopper les répétitions d'Hamlet avant même la première de la pièce et alors que toutes les places étaient déjà vendues. Il souffrait en effet d'un problème de dos chronique nécessitant une opération. Les critiques pensèrent alors qu'il laisserait définitivement son rôle à sa doublure, au demeurant tout à fait talentueuse. Mais le courage est souvent ce qui étaye le charisme d'un être. Lorsque Tennant fit son retour, un critique de théâtre renommé salua sa triomphale prestation comme étant « celle d'un acteur d'un courage et d'un charisme extraordinaires faisant preuve d'une extrême grandeur ».

On voit également une forme de courage chez ceux qui ont la volonté d'aller de l'avant et de montrer la voie. On peut d'ailleurs noter que les dirigeants des compagnies ayant le plus de réussite sont souvent des êtres à la fois humbles et téméraires.

Jeanne d'Arc, par exemple, avait réussi à gagner le cœur et la fidélité de vétérans endurcis grâce à ses visions, à sa détermination d'acier et à son courage physique. Blessée à l'épaule par un archer pendant la bataille de Tourelles, elle repartit au combat à peine la flèche retirée afin de pouvoir participer à l'assaut final.

Plus récemment, le courage et le charisme de Boris Eltsine ont permis de mettre fin au Parti communiste et à l'Union soviétique elle-même. Ses ennemis ne le lui pardonneront peut-être jamais, mais le voir se dresser héroïquement, juché sur un blindé, contre la tentative de coup d'État d'août 1991, reste une image inoubliable.

Enfin, dernière source de motivation, et non des moindres, le courage lié au charisme permet d'accepter que les autres puissent voir ce qu'il y a derrière votre masque, c'est-à-dire votre vrai moi. En montrant que vous êtes vous aussi vulnérable, vous apparaissez aux autres comme quelqu'un d'incroyablement humain. Et cela est, en soi-même, une source de magnétisme et d'inspiration.

8. SOYEZ MOTIVÉ

Un seul être passionné vaut plus que quarante personnes ayant simplement de l'intérêt.

E.M. Forster, romancier.

« Les meilleurs leaders, parmi ceux que je connais, sont des êtres passionnés, motivés par ce qu'ils font » disait Allan Leighton, PDG du journal *Royal Mail*, après avoir interviewé certains hommes d'affaires britanniques parmi les plus réputés. Si le mot « passion » vous met mal à l'aise, que pensez-vous de l'enthousiasme et de l'engagement ?

Une enquête britannique menée par le professeur Richard Wiseman s'est penchée sur les participants de « FameLab », compétition nationale dont le but est de révéler les scientifiques de l'avenir. Elle a montré que ceux qui acceptent de montrer leurs émotions à autrui sont aussi ceux qui vont le plus loin, et qu'ils n'hésitent pas à se servir de leur personnalité pour faire bonne impression sur le jury.

SOYEZ ENTHOUSIASTE

En dépit de sa réputation de perturber les uns et les autres, il n'y a rien d'inquiétant à ressentir de la passion. Bien souvent, il s'agit seulement de se reconnecter avec une part de soi qui s'était atrophiée pour avoir été mise de côté depuis trop longtemps.
La motivation ne vous aidera pas seulement à mieux parler des centres d'intérêt majeurs de votre vie, elle vous aidera aussi à communiquer sur les problèmes qu'il faut gérer de façon quotidienne, certes moins exaltants. Par exemple, lorsque vous parlez avec un client des services offerts par votre société, vous serez bien plus efficace si vous faites preuve d'une réelle implication et que vous voulez la lui faire partager.

Vous aurez plus d'influence au moment où vous estimerez qu'il est devenu important de résoudre une difficulté quelconque, si vous y apportez votre enthousiasme naturel. La passion a la capacité d'influencer les autres, que ce soit leurs émotions, leurs pensées et même leurs comportements. Il est donc tout à fait utile d'évaluer votre connaissance de vous-même dans ce domaine.
Vous n'êtes pas sûr de ce qui vous passionne, de ce qui vous stimule ou de ce qui vous fait vibrer ?
Dans ce cas, essayez de faire les exercices suivants, histoire de vous pencher sur votre vie et sur les événements qui ont fait de vous la personne que vous êtes.

EXERCICE

« Boostez votre passion » (I)

En regardant vers le passé

1. Pour ce qui concerne votre vie privée et votre vie en général, y compris vos centres d'intérêt et vos

passe-temps, définissez les hauts et les bas, c'est-à-dire les événements qui vous ont donné de la joie ou du chagrin, ceux qui vous ont rendu fier de vous, ceux qui vous ont stimulé, etc.

2. Parmi ces événements, lesquels vous ont fait le plus d'impression, et pourquoi ?

3. En ce qui concerne votre vie professionnelle, notez les moments forts et les périodes plus calmes, les moments qui vous ont vraiment plu et ceux qui vous ont vraiment ennuyé, ou encore ceux qui vous ont fait perdre votre motivation.

EXERCICE

« Boostez » votre passion (II)

En regardant vers le futur

1. Faites une liste de ce que vous souhaitez le plus voir changer pour chacun des points que vous avez déjà notés.

2. Imaginez maintenant votre avenir dans trois ans. Réfléchissez à la manière d'atteindre ces buts et aux moyens qui pourraient vous permettre d'y arriver. Laissez-vous aller à rêver à vos objectifs. Ne vous inquiétez pas s'ils vous semblent irréalistes, voire impossibles.

3. Pour finir, projetez-vous à cinq ans. À quoi voulez-vous que ressemble votre vie à ce moment-là ? Qu'est-ce qui aura changé ? Que pourriez-vous faire pour y arriver ?

4. Notez les pensées et les sentiments qui se rattachent aux différents points que vous avez identifiés.

5. Quels sont les thèmes sous-jacents, du moins certains d'entre eux ? Qu'y a-t-il de constamment présent en dehors des variations de situation ? Quelles sont les valeurs qui semblent les plus importantes ?

Un enthousiasme sincère est presque toujours contagieux

Plus vous êtes désinhibé, plus grand est son impact sur autrui. De toute évidence, vous pouvez surjouer le côté « regarde-comme-je-suis-content » pour faire passer votre enthousiasme, mais cela risque fort de mettre un certain nombre de personnes mal à l'aise.

Néanmoins, il vaut sans doute mieux paraître hyper enthousiaste et provoquer une réaction négative de la part de certains que jouer la sûreté à tout prix en gardant votre passion emprisonnée dans un coffre.

On prétend souvent que les gens, tout particulièrement les sujets britanniques, soi-disant très réservés, froncent les sourcils quand ils sont confrontés à des marques d'enthousiasme. À ce titre, il faudrait éviter coûte que coûte d'en faire étalage. En fait, cela n'est vrai que lorsqu'il s'agit de personnes tellement surexcitées qu'elles en perdent le sens des réalités.

Questions à vous poser

- Suis-je excité par ce que je voudrais communiquer ?
- Qu'est-ce qui m'excite particulièrement au sujet

de cette affaire ?
- Qu'est-ce qui justifierait que les autres aussi soient excités par cette affaire ?

Confiance en soi

Vous êtes-vous déjà demandé quel est le secret de ces gens qui semblent avoir tellement confiance en eux-mêmes ? Comment font-ils ? Est-ce dû à leur éducation, à leur statut social, à leur niveau d'études, à leurs moyens financiers, à leur réussite professionnelle ? Comme je l'ai déjà expliqué, la confiance en soi n'arrive pas toute seule : c'est le résultat d'un entraînement régulier, et c'est en acquérant des compétences que la confiance en soi se construit.

Questions à vous poser

- À quel point ai-je confiance en moi quand je pense au message que je veux faire passer ?
- Pourquoi le sujet dont je veux parler m'importe-t-il autant ?
- Pourquoi devrait-il compter aux yeux des autres ?
- Si j'avais totalement confiance en moi, comment cela se répercuterait-il sur ce que je dis ?

Spontanéité

Quand vous agissez de façon ouverte et spontanée, vous avez de fortes chances de générer une ambiance sereine et honnête. Le fait que les gens vous entendent parler avec votre cœur – pas seulement avec votre tête – a un effet contagieux. Il n'est pas rare que cela les pousse à agir dans le même sens.

Et vous, êtes-vous capable de vous adapter rapidement ? Êtes-vous prêt à accepter les choses comme elles se

présentent ? Ou bien êtes-vous quelqu'un d'inquiet, qui préfère s'en tenir une fois pour toutes aux scénarios qu'il connaît déjà ?
Le manque de pratique est l'une des raisons principales pour lesquelles on craint d'avoir à s'adapter rapidement, quelle que soit l'évolution de la situation. Certes, à moins que vous n'ayez un doctorat en physique nucléaire, si quelqu'un vous demandait de parler de façon impromptue de la théorie de la relativité devant 500 personnes, il est vraisemblable que vous trouveriez cela difficile. En réalité, c'est rarement le manque de connaissances qui fait craindre d'avoir à s'adapter rapidement à une situation.
Vous pensez sans doute que la réactivité de telle ou telle personne suppose la capacité de trouver une réponse immédiate, doublée d'un esprit incisif à même de fournir une analyse instantanée de la situation. C'est parfois nécessaire, en effet, en particulier si vous voulez devenir un comique capable d'improviser à la demande ou quelqu'un qui participe à des débats basés sur le sens de la repartie. Mais, en général, se montrer réactif demande simplement qu'on reste à l'écoute de ce qui nous importe, ce qui nous permet d'aller puiser dans nos ressources personnelles sans restriction.

Si la spontanéité ne peut pas être planifiée, par définition, vous pouvez tout de même enrichir le terrain sur lequel elle se développe en anticipant, en écoutant avec attention, en posant des questions, en essayant d'avoir une vue d'ensemble et en évitant de vous précipiter.

Anticiper

Il existe de nombreuses situations où l'on peut deviner à l'avance qu'il faudra agir avec spontanéité et sans trop de programmation. C'est le cas si l'on vous demande de parler de façon impromptue pour commenter quelque chose qui vient de se passer. L'écrivain Mark Twain se vantait qu'il lui fallait toujours plusieurs semaines pour préparer un bon discours spontané, voulant dire par là qu'il se sentait toujours prêt à relever ce genre de défi.

Écouter

Ce sont les gens eux-mêmes qui vous fourniront le plus souvent des indices importants et des informations sur ce qu'ils pensent et ressentent. C'est en les écoutant attentivement et en les regardant que vous pourrez recueillir les données qui vous permettront de répondre efficacement au moment opportun.

Avoir une vue d'ensemble

Quel que soit le sujet en cours de discussion, essayez de le regarder sous un angle nouveau et d'élargir votre perception. Quand vous cherchez une solution, par exemple, essayez de vous poser les questions suivantes : « De quoi s'agit-il vraiment ? », « Y a-t-il quelque chose qui m'échappe ? », « À quoi cela me fait-il penser ? », « Quel est le point commun avec ma propre expérience ? », « Qu'est-ce que ce problème m'enseigne vis-à-vis de la situation dans laquelle je me trouve ? ».

Ne pas se précipiter

Prenez votre temps pour répondre : cela vous donnera l'amplitude dont vous avez besoin pour votre laisser parler votre spontanéité.

- Attendez que l'orateur ait fini de parler avant d'essayer de lui répondre.
- Posez une question personnelle.
- Demandez du temps pour réfléchir.
- Faites des sons neutres (« humm ») pour montrer que vous êtes attentif mais que vous êtes en train de réfléchir.
- Utilisez des phrases bouche-trous comme « C'est un point intéressant », « Ceci pourrait avoir beaucoup d'intérêt... »,

« Il faut que nous en parlions encore… », etc.
- Rebondissez sur quelque chose que l'orateur a dit : « Donc, ce que vous semblez dire, c'est… »
- Sans fournir de réponse immédiate, racontez une anecdote à laquelle le sujet vous fait penser, tout en continuant à réfléchir à la solution que vous pourriez apporter.

Questions à vous poser

- Est-ce que je veux vraiment me montrer spontané quand je cherche à communiquer ?
- Qu'est ce qui pourrait m'empêcher de vouloir me comporter avec spontanéité ?
- Comment puis-je me préparer au mieux pour des situations similaires ?

LANCEZ-VOUS DES DÉFIS

Quand vous rencontrez des gens qui sont motivés et ont une réelle implication dans ce qu'ils font, vous vous rendez compte qu'ils ont tendance à poser des questions sur la façon dont le travail est fait, qu'ils ont des opinions affirmées sur certains points, qu'ils veulent de l'action et qu'ils font preuve d'une aptitude constante à faire bouger les choses, chose à laquelle vous n'êtes pas forcément habitué.

Entraînées par leur motivation, ces personnes apparaissent comme des individus hautement courageux, alors qu'elles sont simplement dévouées au but qui les anime. Pour l'atteindre, elles sont prêtes à se confronter aux autres, à soulever des problèmes délicats ou à s'interroger sur ce qui se passe avec opiniâtreté. Pourtant, ces personnes sont parfois anxieuses, voire peu sûres d'elles-mêmes.

La façon dont vous vous y prenez pour lancer des défis est tout aussi importante que le défi lui-même. Si, en le faisant, vous provoquez chez les autres le sentiment d'avoir mal agi ou de ne pas être respectés, voire d'être attaqués, vous risquez alors de saper votre ascendant sur autrui au lieu de le renforcer. Il vous faut essayer de lancer un défi comme si vous recherchiez des informations.

- « Est-ce le sentiment de tout le monde en ce moment ? »
- « À votre avis, que pouvons-nous faire pour remédier à cette situation ? »
- « Ça ne paraît pas le bon choix, mais vous, qu'en pensez-vous ? »
- « Et à partir de là, que faisons-nous ? »
- « Je pense que ce n'est pas bien ; est-ce que quelqu'un d'autre pense comme moi ? »
- « Est-ce qu'on pourrait s'y prendre autrement la prochaine fois ? »

Plus vous laissez libre cours à votre enthousiasme plus vous devez vous assurer que vos défis proviennent d'un état positif et non d'un manque de confiance, d'une tendance à être sur la défensive, ou du désir de dévaloriser autrui.

Questions à vous poser

- « Pourquoi ai-je besoin d'être en compétition avec autrui ? »
- « À quand remonte le dernier défi que j'ai lancé en rapport avec ce qui me motive ? »
- « Qu'est-ce que je refuse de faire, et pourquoi ? »
- « Quelle est la personne que j'ai la moins envie de défier ou de contrer ? »
- « Quand je lance un défi, les autres le prennent-ils comme un complément d'information ou comme une façon de les attaquer ? »

SOYEZ ÉNERGIQUE

Communiquer avec enthousiasme et motivation demande de l'énergie. En effet, c'est de l'énergie qu'il faut insuffler dans la façon dont on parle et dont on se comporte. Il est impossible de transmettre sa passion si vous discourez d'un ton monotone, sans regarder les gens bien en face, en étant avachi sur votre siège ou en laissant votre tête inclinée sur votre poitrine comme si vous étiez à moitié endormi.

L'énergie déployée pour faire passer un message motivé peut prendre plusieurs formes : elle apparaît dans la façon dont vous bougez, dont vous agissez, dans le ton de votre voix, dans votre façon de sourire, dans la maîtrise avec laquelle vous vous adressez à l'assistance.

Faire preuve d'un haut niveau d'énergie nous rend plus visibles et contribue à renforcer notre présence. Si vous avez le sentiment que ces lignes vous sont destinées, il va falloir trouver le moyen de surveiller votre niveau d'énergie, qui varie d'un moment à l'autre, car cette variation va généralement de pair avec une baisse de la capacité à faire passer sa motivation. Sans énergie, le plus puissant des messages ou le plus persuasif des orateurs ne sauraient être entendus.

Questions à vous poser

- « De quand date la dernière fois où j'ai vraiment mis de l'énergie dans mon message ? »
- « Est-ce que j'utilise mon énergie de façon régulière pour mieux faire passer mes messages ? »
- « Comment mon énergie transparaît-elle : à travers mes gestes, ma voix, mon apparence générale ? »

SOYEZ ENJOUÉ

Vous montrer motivé ne signifie pas que vous devez apparaître comme quelqu'un d'extrêmement sérieux. Parler de ce qui vous passionne en ayant l'air de vous amuser ne vous fera rien perdre en efficacité et mettra de l'enjouement dans vos propos. Évitez de vous prendre trop au sérieux et n'hésitez pas à utiliser votre sens de l'humour pour mieux faire passer vos messages importants, cela vous permettra de le faire dans une atmosphère plus détendue.

Pour créer une atmosphère enjouée autour de vos messages, vous disposez de moyens très variés. Utilisez votre imagination et votre capacité à oser prendre des risques. Rien ne vous empêche de délivrer votre message en chantant, en lisant un poème, en portant un drôle de chapeau, en vous déguisant, en faisant participer l'assistance, en racontant une histoire sur vous, en utilisant des mots inhabituels, des métaphores ou des anecdotes, des bandes dessinées, des dessins animés, des clips vidéo...
En fait, vous pouvez utiliser à peu près n'importe quoi. Si cela permet à vos auditeurs de capter le message que vous cherchez à transmettre sans oublier le côté drôle de toute chose, alors, tous les moyens sont bons.

En conclusion, la motivation c'est l'avenir

Nous avons vu que pour augmenter votre effet charismatique, il faut identifier ce qui alimente votre côté motivé et passionné et à vous en servir. Soyez rassuré, le monde évolue lui aussi dans cette direction progressivement et se développe une conscience de plus en plus marquée de l'importance de l'enthousiasme, non seulement sur le plan individuel, mais aussi collectif.

Comme le dit Gary Hamel, journaliste économique très réputé, l'avenir des grandes sociétés, au XXIe siècle, se situe dans le fait de construire un environnement qui « favorise l'initiative humaine, la créativité et la passion ».

Savoir utiliser votre motivation est exactement ce dont vos collaborateurs peuvent avoir besoin, et quand vous l'utiliserez à bon escient, vous ferez, à coup sûr, une forte impression sur autrui.

9. LA PRESTANCE

Vivre, ce n'est pas seulement survivre, c'est s'épanouir, avec un brin de passion, un brin de compassion, un brin d'humour et une touche d'élégance.

Maya Angelou, écrivain.

Si vous êtes une star de la pop music ou un millionnaire excentrique, vous n'avez sans doute pas besoin de vous préoccuper de votre présentation ni de vos manières, c'est-à-dire de votre prestance. Mais si vous n'êtes ni l'un ni l'autre, elle peut jouer un rôle important dans votre ascendant personnel sur autrui.

« Prestance » est un mot bien adapté, quoique un peu recherché, qui désigne les manières, autrement dit la façon dont vous vous présentez, votre apparence générale, votre image et votre look.

VOTRE LOOK ET VOS GESTES PARLENT POUR VOUS

Votre apparence générale et votre gestuelle influencent la façon dont les gens vous perçoivent et chacune d'elles nécessite une attention toute particulière afin de vous assurer que vous tirez le meilleur parti de vous-même.

Par exemple, lors d'une affaire de justice dont la procédure exigea des années, les juges regrettèrent vivement que l'un des experts ait perdu quasiment tout son crédit du fait de « son regard fuyant et de son maintien laissant à désirer ».
Un exemple contraire nous est fourni par le chancelier de l'Échiquier Gordon Brown à la fin de son mandat, en 2007. Alors qu'il présentait son budget, bien conscient de sa réputation d'homme dur et déterminé, il décida d'adopter un comportement jovial en lançant des blagues et en prenant des manières enjouées.
L'heureux gérant de l'entrepôt de l'un des gros fabricants britanniques de matériel électronique en a lui-même fait les frais. Avec son costume un peu lustré, ses chaussures pointues et ses cheveux enduits de gel, il se sentait tout à fait à l'aise dans son travail jusqu'à ce qu'il obtienne un poste important à la BBC, où il dut se présenter à l'ensemble des directeurs. Son apparence, à laquelle il n'avait apporté aucune modification, s'est alors révélée tout à fait étrangère à la culture de la société qui l'accueillait. En l'occurrence, son look inapproprié amoindrit sa capacité d'impact sur autrui.

Pour vous, une apparence nette, propre et correcte peut sembler suffisante. D'ailleurs, vous faites peut-être partie de ceux qui considèrent que ce que l'on est vraiment compte bien plus que l'apparence extérieure. Attention, toutefois, les gens qui vous voient pour la première fois n'ont pas accès à grand-chose d'autre pour vous juger.

Votre apparence compte bien plus que vous ne croyez !

Comment décririez-vous votre apparence extérieure ?

Pensez-vous que les gens vous trouvent bien habillé, soigné, élégant, chic, classique, ou simplement terne et passe-partout ? Quelle est l'image que vous souhaitez donner, hormis les occasions spéciales où vous faites attention à la façon de vous habiller ? Quand vous sortez les vêtements que vous voulez mettre, le jour même ou la veille au soir, quelle est l'impression que vous recherchez ? Qui est la personne que vous voulez présenter aux autres ?

EXERCICE

Apparence et relooking

Commencez par chercher un miroir en pied, comme ceux que l'on trouve dans les cabines d'essayage des grands magasins. Si vous n'en avez pas chez vous, pensez à en faire installer un.
Revêtu des vêtements que vous portez habituellement au travail, prenez le temps de bien vous regarder dans la glace, sans complaisance. Essayez de vous évaluer sous les trois angles suivants : aspect soigné, style personnel et concordance entre aspect extérieur et message à transmettre.

- **Aspect soigné**

La personne que vous voyez dans la glace vous semble-t-elle prendre soin d'elle-même ? Quels sont les signes d'un aspect soigné ? Par exemple, vos vêtements, sont-ils froissés ou bien repassés ?

Vos chaussures, vieillottes ou récentes ? Vos cheveux, en désordre ou bien peignés ? Quels changements conseilleriez-vous à cette personne pour qu'elle ait une apparence soignée ?

- **Style**

Quels sont les éléments qui vous distinguent des autres ? Y a-t-il quelque chose de spécial dans votre apparence, ou tout est-il sans grand caractère, que ce soit en termes de couleurs, de look ou de stylisme ? Quels sont les changements qui pourraient apporter du style à votre aspect ? Des tenues plus colorées ? Des vêtements de meilleure facture ? Un look plus pointu ?

- **Concordance**

Quel est le degré de concordance entre votre apparence extérieure et votre vie professionnelle ? L'une et l'autre sont-elles parfaitement en phase avec le message que vous voulez transmettre, compte tenu du charisme et de l'impact personnel que vous souhaitez avoir ? Est-ce que votre image coïncide bien avec le job que vous faites ?

Prenons quelques exemples pratiques

Prenons l'exemple de cette jeune femme venue dans nos ateliers afin de développer son impact personnel. Elle travaillait dans le secteur de la musique en tant que responsable de la promotion de certains musiciens. Diplômée d'une école d'art, elle avait un poste important dans son entreprise. Pourtant, en ce qui concerne ses tenues vestimentaires, elle en était restée à sa vie d'étudiante. Elle portait toujours les mêmes petits hauts moulants qui, s'ils

ne posaient pas de problèmes à l'université, la faisaient maintenant passer pour une « allumeuse ».
En vous servant d'un miroir et d'un enregistrement vidéo – sans vous priver d'une aide extérieure, le cas échéant –, vous pouvez déjà commencer l'amélioration et le renforcement de votre présentation.

Réfléchissez maintenant aux points suivants :
- Quelle est l'image de moi que je veux donner ?
- Quelle est l'image de moi que je crains de donner ?
- Quelle est l'importance de la différence entre ces deux images ?
- Comment puis-je éliminer cette différence tout en restant moi-même ?

Peter D. avait commencé sa carrière comme consultant en management indépendant. Charmeur et très persuasif, il eut rapidement des réunions avec de hauts responsables, tout en continuant à porter les costumes bon marché de ses débuts. Mais dans le même temps, les cadres dirigeants auprès desquels il espérait obtenir de nouvelles missions portaient, quant à eux, des costumes élégants, chers et bien coupés, ce qui accentuait nettement leur différence de statut.

Jusqu'au jour où un consultant de ses amis lui expliqua gentiment la chose suivante : « Si tu dois faire des affaires avec des individus hauts placés qui portent des vêtements distingués en provenance des meilleurs magasins, tu ne peux pas t'en sortir en continuant à porter tes costumes bon marché. » Après avoir entendu cela, Peter décida immédiatement de se procurer deux costumes haut de gamme. Et, à partir de ce jour, fort de son nouveau look, il devint d'autant plus confiant en lui qu'il se sentait sur un pied d'égalité avec ses clients prestigieux, dont le nombre ne cessait de croître.

EXERCICE

Concordance

1. Lors de votre prochaine réunion, regardez bien la façon dont les gens sont habillés, de même que leur présentation globale. Est-ce que leur présentation améliore ou diminue leur impact sur autrui ?
2. Choisissez trois collègues en qui vous avez confiance et demandez-leur un avis sincère sur ce qu'ils pensent de votre présentation.
3. Demandez-leur de définir ce qu'ils pensent de votre façon de vous habiller. La trouvent-ils élégante, soignée, négligée, désinvolte, discrète, etc. ?
4. Demandez-leur ensuite de vous dire ce qu'ils pensent de votre apparence extérieure, c'est-à-dire soignée, nette, recherchée, etc.
5. Demandez-leur ensuite : « Avez-vous remarqué chez moi des tics, des manies ou des gestes pouvant nuire à mon envie de faire bonne impression ? »
6. Enfin, demandez-leur ce qu'ils pensent de votre aspect physique général : trop fort, trop mince, trop voûté, bien droit, ayant une bonne stature, etc.
7. Procurez-vous une caméra vidéo et filmez-vous quand vous entrez dans une pièce et que vous vous tenez debout. Quel est le message que vous pensez faire passer ? Vos vêtements sont-ils appropriés ? Qu'est ce qui fonctionne bien chez vous en termes d'apparence ?
8. Servez-vous de toutes ces informations pour décider des changements à apporter à votre présentation.

QU'EST-CE QUE LA PRESTANCE ?

Le mot « prestance » peut vous sembler difficile à cerner de façon précise. Pourtant, la prestance est en jeu dès le premier contact. C'est sur elle que se basent les gens pour évaluer votre :

- **statut économique : riche, pauvre, ayant de la réussite, comme tout le monde... ;**
- **niveau d'études : supérieur, moyen, faible, inexistant... ;**
- **fiabilité : honnête, sûr, crédible... ;**
- **statut social : standard, bon, de haut niveau, excentrique, solitaire, en pleine ascension, en perte de vitesse... ;**
- **niveau de maturité : calme, confiant, anxieux, à l'aise... ;**
- **attitude : combative, amicale, facile, fermée...**

La première impression

Les jugements sur vous peuvent intervenir en quelques secondes, d'où l'importance du fait d'avoir une certaine prestance. Une étude comparative concernant le recrutement a montré à quel point une bonne présentation pouvait faciliter l'embauche, au-delà des seules compétences techniques.
Disons le autrement, sur un mode plus professionnel. Qu'êtes-vous prêt à investir dans le domaine de l'apparence et des manières ? Parler d'une personne comme si elle était une marque commerciale est peut-être un cliché, comme si vous étiez une savonnette ou une voiture.
Pourtant, c'est un excellent moyen de savoir si vous avez une réelle envie de vous investir tant sur le plan personnel que sur la façon dont les autres vous perçoivent.

- **À quel niveau se situe votre « marque » (votre image) ?**
- **De quoi a-t-elle besoin pour se remettre au goût du jour ou pour passer au niveau supérieur ?**
- **Votre marque est-elle évocatrice de qualité ?**
- **Pouvez-vous vous permettre de ne pas vous en préoccuper ?**

Si votre apparence extérieure ne colle pas avec l'image commerciale que vous voulez donner, il est temps de faire quelques changements, sans que cela signifie pour autant qu'il vous faudra changer complètement de personnalité.

Améliorer votre charisme demande que vous consacriez une partie de votre temps et de vos ressources à améliorer votre gestuelle, votre garde-robe, votre coiffure, votre façon de serrer la main, vos manières, votre image, etc.

Votre garde-robe

Changer sa façon de s'habiller est de toute évidence ce à quoi l'on pense immédiatement quand on veut des modifications rapides. Si vous êtes un homme, par exemple, vous contentez-vous de couleurs plutôt ternes, avec du gris, du noir, du bleu et, occasionnellement, du beige foncé ?

Si vous êtes une femme, êtes-vous inquiète à l'idée que vos vêtements pourraient sembler voyants au lieu de paraître simplement fonctionnels ?

Les femmes ayant des postes importants déclarent souvent qu'elles ne sont pas intéressées par la mode, ce qui implique qu'elles se trouvent au-dessus de ces futilités et que la mode ne concerne que les secrétaires et autres personnels féminins de niveau inférieur... En réalité, si vous creusez davantage, vous vous rendrez compte qu'elles ont bien souvent le désir de s'habiller de façon plus élégante et plus moderne.

Bien qu'il puisse s'avérer stupide d'être trop dépendant de la mode, ignorer l'importance des vêtements que l'on porte n'a pas de sens non plus et il n'y a pas de quoi en être fier. En fait, cela s'apparente plus à une forme d'arrogance – je suis au-dessus de cela – ou à une preuve de notre incapacité à vivre dans le monde réel.

Il existe sept erreurs fréquentes dans le domaine de l'habillement

- **Erreur n° 1 : acheter bon marché**

Si vous souhaitez améliorer votre impact sur autrui, acheter des vêtements de qualité n'est pas une extravagance mais un investissement, surtout si vous vous adressez au monde des affaires. En fin de compte, les tenues bon marché reviennent cher, non seulement parce qu'elles détériorent votre image, mais aussi parce que vous ne pourrez pas les porter longtemps.

- **Erreur n° 2 : faire fi des tendances de la mode**

Il y a des coupes qui datent et qui vous font paraître vraiment démodé. Vous prenez un vrai risque si vous n'en tenez pas compte. Cela n'a pas de sens de vous abriter derrière un « Moi, la mode, je m'en fiche », dans la mesure où ce n'est pas votre avis qui est en cause, mais celui des gens que vous êtes amené à rencontrer.
La mode n'est pas simple à suivre ; elle est changeante, mais elle est moins arbitraire que vous ne pourriez le croire. De nos jours, la mode change tellement vite que, paradoxalement, l'une des meilleures solutions consiste à investir dans un look classique qui a au moins le mérite de ne pas dater. Plus onéreux au départ, ce type de vêtement s'avère un choix intelligent à long terme.

• **Erreur n° 3 : ne pas s'assurer de porter la bonne taille**
S'ils ne sont pas bien ajustés, même les plus beaux vêtements peuvent avoir un effet désastreux. L'ajustement d'un costume ou d'un tailleur est une chose si importante que cela vaut vraiment la peine de dépenser un peu plus pour faire les retouches nécessaires.
Si vous voulez faire bon effet et que l'on vous remarque, dites-vous bien que vous devez éviter de porter des vêtements trop courts, trop longs ou trop serrés – comme trop de gens le font.

• **Erreur n° 4 : faire de mauvais mélanges**
Assurez-vous que vos vêtements sont bien assortis, sinon le résultat final peut être tout à fait raté. La façon de coordonner les couleurs entre elles est fondamentale, au point de pouvoir ruiner les efforts faits par ailleurs pour bien vous habiller. N'hésitez donc pas à prendre le temps d'y réfléchir.
Si vous n'avez pas totalement confiance en vous lorsqu'il s'agit d'acheter des vêtements qu'il faut associer harmonieusement, il serait utile d'acquérir les bases d'une bonne coordination des couleurs. Il existe quelques principes de base, tel celui qui consiste à s'assurer que la couleur de la pièce maîtresse de votre tenue se marie bien avec le reste. Mais aussi savoir choisir la couleur d'une chemise (claire de préférence avec un costume sombre), savoir quelles sont les couleurs qui ne vont vraiment pas bien ensemble, savoir quelles sont les couleurs qui vont bien avec votre carnation, etc. Ces astuces basiques ne peuvent que vous aider à mieux coordonner vos vêtements.

• **Erreur n° 5 : se dire que le reste ne compte pas**
Les accessoires font partie des détails qui font la différence. Mal choisis, cravate, ceinture, chaussures, chaussettes, sac, gants, ou simple parapluie, peuvent dégrader l'ensemble, sans même que vous vous en rendiez compte.
Assurez-vous que les accessoires que vous portez ne nuisent pas à l'ensemble et à votre image. Par exemple, en particulier

pour les hommes, les objets appartenant à la catégorie des bijoux sont à considérer avec précaution, surtout si vous avez envie de gravir des échelons professionnels. Une boucle d'oreille flashy peut très bien passer chez un footballeur connu, mais est-ce vraiment le bon choix pour vous ?
En ce qui concerne les femmes, les ceintures trop visibles, les bijoux voyants et les piercings au visage passent très bien dans un certain contexte, mais peuvent nuire sérieusement dans le monde professionnel.

- **Erreur n° 6 : les détails qui tuent**

Comme les accessoires inappropriés, les détails qui tuent laissent une mauvaise impression, alors qu'il est si facile de les éviter quand on en est averti. En voici un certain nombre :

- Cols de chemise usagés ou poignets effilochés ;
- Vêtements froissés ou mal repassés ;
- Costume, robe ou cravate tâchés ;
- Boutons manquants, pendants ou non attachés ;
- Manches de veste ou jambes de pantalon trop courtes ou trop longues ;
- Chaussures mal cirées, sales ou ayant besoin du cordonnier ;
- Ceinture visiblement usagée.

- **Erreur n° 7 : chercher à trop se démarquer**

Lors des débuts d'IBM, alors en passe de devenir un géant de l'informatique, à peu près tous les salariés – à cette époque tous étaient des hommes – portaient l'uniforme de la compagnie, c'est-à-dire un costume bleu foncé, une chemise blanche et une cravate parfaitement assortie. De nos jours, les clones d'IBM ont pratiquement disparu, mais, à part dans les start-up et les firmes high-tech, il existe toujours une forte pression sur les salariés, dans la majorité des sociétés, pour qu'ils portent une tenue conforme aux standards en cours et évitent de se faire trop remarquer.

> C'est pourtant une erreur de croire que votre garde-robe doit être totalement neutre et impersonnelle.

Vouloir se rendre invisible n'est certainement pas le bon moyen d'améliorer votre impact sur autrui. Se faire remarquer pour son chic est bien plus efficace et tout à fait réalisable, tout en respectant les conventions. Cherchez comment faire pour que vos vêtements reflètent mieux votre personnalité, au lieu de chercher à coller à l'image que les autres ont de vous. Au-delà de votre façon de vous habiller, votre prestance dépend également de votre présentation globale, qui passe par la coiffure, les ongles et le rasage, les expressions de votre visage – largement souriant ou plutôt renfrogné –, la façon de marcher, les manières que vous adoptez en société.

Faites-vous coacher

Tout le monde ne sait pas s'habiller avec style de manière instinctive. Mais la pire des choses, c'est de ne pas savoir qu'on l'ignore ! Le secret, ici – comme pour tous les autres aspects de votre démarche pour mieux vous connaître –, c'est de rechercher l'avis des autres.

Pour obtenir un avis sur vos vêtements et votre look, vous n'avez que l'embarras du choix.

Vous pouvez vous faire conseiller sur le choix de vos vêtements et des couleurs dans la plupart des grands magasins, passer par des conseillers spécialisés, ou même recourir à des coachs personnels qui se concentreront sur votre impact et travailleront à l'amélioration de votre présentation.

N'hésitez pas à consulter le site Charisma Effect :
www.charisma-effect.com

Les bonnes manières

Une comédienne célèbre invita un jour une jeune actrice inconnue à venir dîner chez elle. Non seulement cette dernière ne se rendit pas au dîner prévu, mais elle oublia même de s'en excuser ou d'expliquer son absence. Quelques jours plus tard, les deux femmes se rencontrèrent au Musée d'art moderne de New York. « Je crois que j'étais invitée chez vous mardi dernier », dit la jeune femme. « Ah oui, c'est exact, répondit la star. Est-ce que vous êtes venue ? »

Si les bonnes manières ne sont plus ce qu'elles étaient, elles restent néanmoins de nos jours l'une des clés essentielles d'un bon comportement. Ne les réservez pas seulement à de grandes occasions. Il ne faut pas avoir deux façons différentes de se comporter, l'une avec des gens que vous admirez et souhaitez impressionner, l'autre avec des gens auxquels vous accordez moins d'importance. Si vous voulez avoir une forte présence, vos manières doivent être identiques quelles que soient les personnes à qui elles s'adressent.

Les bonnes manières sont des règles sociales artificielles, il est vrai, et, à ce titre, elles peuvent parfois être laissées de côté. En Angleterre, par exemple, il est de bon ton que les hommes retirent leur chapeau quand ils entrent quelque part. Cependant, si porter un chapeau élégant fait partie de votre style, il n'est pas exclu que vous puissiez déroger à cette règle sans que cela ne se retourne contre vous, et que vous puissiez même vous en servir pour renforcer votre impact sur autrui.

Voici la liste des sept fautes sociales les plus courantes :

1. **Oublier de remercier** quelqu'un qui vous a rendu service.
2. **Mal s'asseoir pendant une réunion,** y compris se balancer d'avant en arrière sur votre chaise.

3. **Se montrer trop familier** avec quelqu'un sans avoir obtenu son autorisation.
4. **Manquer de respect** envers autrui.
5. **Toucher quelqu'un ou ses objets personnels** sans y avoir été encouragé au préalable.
6. **Interrompre autrui** constamment ou parler trop fort en permanence.
7. **Dénigrer quelqu'un** en présence d'une personne importante à ses yeux.

Les bonnes manières, c'est un point capital, doivent être appropriées à la situation et montrer le respect que vous avez pour votre auditoire.

Apparence personnelle

Il s'agit ici de quelque chose de vraiment personnel. Je veux dire par là qu'il s'agit d'un territoire sur lequel seuls vos proches amis, ou quelqu'un en qui vous avez une entière confiance, peuvent s'aventurer.

Un jour, la société qui employait Thomas décida de l'envoyer sur le terrain pour apprendre les bases de la vente et de la distribution. Son métier consistait à se rendre auprès de pharmacies locales afin de prendre leurs commandes de réapprovisionnement. Dans l'une de ces officines, après qu'il eut longuement parlé avec le pharmacien, ce dernier lui proposa de passer dans l'arrière-boutique où les réserves de fournitures étaient empilées du sol au plafond. Dans l'intimité de cette pièce sans prétention, le pharmacien lui dit calmement : « Thomas, est ce que quelqu'un vous a déjà dit que vous avez une très mauvaise haleine ? » Horrifié par ces propos, Thomas lui répondit : « Non, cela ne m'est jamais arrivé. » « C'est pourtant le cas, jeune homme. Je crois que vous avez largement intérêt à faire quelque chose pour y remédier, car cela pourrait nuire à votre évolution professionnelle. » Thomas – c'est tout à son honneur – remercia

chaleureusement son interlocuteur. Il prit immédiatement rendez-vous chez le dentiste pour avoir un avis médical, lequel confirma qu'il s'agissait d'une infection des gencives.
À l'époque où Gordon Brown était chancelier de l'Échiquier, en Grande-Bretagne, de nombreuses photographies de ses ongles profondément rongés circulèrent dans le monde entier. S'il faut reconnaître que cela ne l'a nullement empêché de devenir Premier ministre, il est évident que cette manie portait atteinte à son image, l'homme ayant suffisamment confiance en lui, par ailleurs, pour accepter la charge qu'il occupait, c'est-à-dire la gestion de l'économie et des finances.

Pour faire le point sur votre apparence personnelle, faites l'exercice suivant.

ATTENTION AUX DÉTAILS QUI TUENT		
HALEINE	Avez-vous bonne haleine ?	
	Connaissez-vous quelqu'un qui vous le dirait si ce n'est pas le cas ?	
CHEVEUX	Sont-ils propres, brillants ? Votre coupe est-elle au goût du jour ?	
	Avez-vous des mèches qui essaient de cacher une calvitie partielle ?	
DENTITION	Est-elle en bon état ? Bien entretenue ?	
PILOSITÉ DU VISAGE	Est-elle bien entretenue ? Y compris oreilles et narines ?	
	Sans zones mal rasées, mal coupées, désordonnées ou peu flatteuses ?	
CHEWING-GUM	Vous n'en mâchez pas, j'espère ?	
PROPRETÉ	Vos mains, vos ongles, votre visage sont-ils bien nettoyés ?	
ONGLES	Sont-ils bien soignés, ni rongés ni mordillés ?	
PELLICULES	Vous en avez ? (Attention, aujourd'hui, vous n'avez plus d'excuse.)	
PEAU	Est-elle en bonne santé, ni grisâtre ni jaunâtre, et ne desquamant pas ?	

Nous sommes tellement habitués à nous-mêmes qu'il est parfois difficile de s'apercevoir qu'un détail est susceptible de nuire à notre image et à notre réputation. C'est donc souvent quelqu'un d'autre qui peut nous apprendre si nous sommes concernés par l'un de ces détails fâcheux qui détériorent notre image. Bien sûr, c'est à quelqu'un en qui nous avons toute confiance qu'il faut s'adresser pour avoir son avis.
Pour mon collègue Michael Maynard, qui a aidé un grand nombre d'individus à développer leur potentiel charismatique, le point clé en termes d'apparence personnelle, c'est le soin : « Donnez-vous le sentiment d'être quelqu'un qui fait attention à son apparence et bénéficie de tous les soins nécessaires ? »

La posture

Professeure dans une université britannique dont elle était aussi codirectrice, Anna faisait régulièrement acte de candidature auprès d'importants conseils régionaux pour être responsable d'enseignement. Elle se retrouvait régulièrement en tête de liste, parmi les candidats à recruter, mais n'arrivait jamais à décrocher le poste éminent qu'elle souhaitait obtenir. C'est lors de séances de coaching individuel qu'a été identifiée son habitude d'entrer dans la pièce où avait lieu l'entretien, les épaules basses et la tête baissée. Cette posture

Ne faites pas

Faites

donnait l'impression qu'elle s'excusait presque de se trouver là. Son attitude mentale, en bonne partie reflétée par sa posture négative, semblait dire : « Je me demande si je vais être retenue cette fois. » La combinaison du mental et du physique modifiait son comportement et diminuait son charisme.
Au cours de séances de coaching en face à face, cette universitaire apprit à marcher le corps droit, en tenant sa tête haute. On lui enseigna aussi à entrer dans une pièce en s'imaginant qu'elle était déjà directrice d'enseignement et qu'elle était simplement là pour répondre à quelques questions relatives à son expérience et à son professionnalisme. Et, lorsqu'elle eut un nouvel entretien d'embauche pour le poste qu'elle convoitait, Anna mit en pratique l'enseignement qu'elle avait reçu et fut bel et bien engagée...

Enfant, la reine Victoria fut entraînée à relever son menton à l'aide d'une branche de houx piquante placée sous son col.

La posture de certains personnages célèbres, comme Elvis Presley, Nijinski, David Bowie, John Wayne ou Prince, pour ne citer qu'eux, a largement contribué à leur effet charismatique. Et si, de nos jours, nous accordons moins d'importance à notre attitude générale, celle-ci n'en est pas moins capable de porter un coup sérieux à notre prestance.

Vous pouvez bénéficier d'un avis extérieur intéressant, soit en suivant des séances de coaching individuel, soit en participant à des ateliers axés sur les postures et le maintien. Par exemple, vous voir franchir une porte et entrer dans une pièce pour y rencontrer un groupe d'inconnus peut être une véritable révélation.

Si vous passez des heures penché sur votre ordinateur, il y a de grandes chances pour que votre façon de vous tenir puisse en souffrir. On voit fréquemment des personnes qui se tiennent la tête penchée et qui ont une mauvaise posture en marchant du fait d'un temps excessif passé devant l'écran. La plupart des gens croient que pour se tenir bien droit, il faut contracter le dos, gonfler sa poitrine au maximum et pousser la tête vers l'avant. Ce n'est pas du tout le cas. La colonne vertébrale possède deux courbures naturelles qui doivent être maintenues : l'une se situe entre la base de votre tête et vos épaules, l'autre entre le haut du dos et le creux des reins.
Si vous pensez que votre posture est mauvaise, vous pouvez envisager d'apprendre la technique Alexander avec un professeur qualifié. Cette

méthode, qui a largement fait ses preuves, aide à se tenir plus droit, sans tensions musculaires inutiles. Elle permet de retrouver une posture naturelle et ajoute une touche d'aisance à la façon de se déplacer et de travailler.

Si vous avez la moindre douleur, en particulier au niveau du dos, en essayant de vous tenir plus droit, ou si vous avez des problèmes de dos, de cou ou de bassin, n'essayez pas de vous corriger seul, car cela pourrait aggraver les choses. Parlez-en à votre médecin ou allez voir un spécialiste de la méthode Alexander avant de tenter de modifier votre posture.

EXERCICE

Posture

- En vous tenant debout et droit, assurez-vous que votre poids est réparti de façon égale sur chacun de vos pieds, à la fois vers l'avant et sur les côtés. Cela peut vous donner l'impression d'être trop penché en avant, et vous paraître stupide, mais ce n'est pas le cas.
- Poussez vos épaules en avant, puis levez-les tout d'abord aussi haut que possible. Ramenez-les ensuite vers l'arrière, puis vers le bas. Cela vous fait-il du bien ? Si vos épaules vous semblent raides ou tendues, il est possible que ce soit dû à des contractions musculaires inutiles.
- Si votre tête penche vers l'avant, vous ne pouvez pas vous tenir bien droit. Gardez votre tête à un niveau qui vous permet de regarder droit devant vous sans avoir à lever les yeux pour cela. Si cela provoque une sensation de tension dans votre cou, c'est que vous avez besoin de corriger sa position avec des exercices spécifiques.

- Alignez vos oreilles avec vos épaules.
- Levez vos deux bras à hauteur de vos épaules.
- Comptez lentement jusqu'à 10.
- Ramenez ensuite vos bras le long du corps, tout en comptant jusqu'à 10 à nouveau.
- Répétez l'exercice dix fois, en surveillant régulièrement votre alignement ! Si le faire dix fois est trop difficile au début, contentez-vous de le faire le nombre de fois dont vous vous sentez capable. Vous devriez tout de même ressentir un peu de fatigue dans les muscles de vos épaules en fin d'exercice.
- Faites le pingouin. Pendant que vous attendez le chargement d'une page web, ou que les toasts aient fini de griller, gardez vos coudes contre vos flancs et amenez vos mains à vos épaules. Tout en laissant vos mains sur vos épaules, et en gardant les oreilles bien alignées, levez vos coudes en même temps à l'horizontale. Comptez jusqu'à 2 et redescendez-les vers votre taille. Comptez encore jusqu'à 2 et recommencez.

Faites-le autant de fois que possible pendant ce temps d'attente. Croyez-moi, vous serez surpris par le nombre de fois que vous atteindrez en seulement trente secondes !

10. **L'ALCHIMIE** DU CHARISME

Nous avions beaucoup de points communs.
Je l'aimais, et il s'aimait.

Shelley Winters, actrice, dans *Bittersweet*.

« Il est bien plus important de cliquer avec les gens que de cliquer sur le déclencheur », faisait remarquer Alfred Eisenstaedt, photographe star du magazine *Life*, et père du photojournalisme. Il était bien placé pour le savoir, lui qui avait travaillé avec quantité de célébrités comme Sophia Loren, Ernest Hemingway et avec ce maître de l'alchimie interpersonnelle qu'était Bill Clinton à l'époque où il était président des États-Unis d'Amérique.

Clarifier vos objectifs et être vous-même vous aideront à construire les fondations de votre charisme. L'alchimie personnelle en est le catalyseur. Elle transforme ces divers éléments en une véritable force magnétique qui vous fait remarquer et vous rend mémorable. Elle est l'agent invisible et vital qui peut tout changer, parfois même les êtres.

LE CHARISME : UN PROCESSUS « CHIMIQUE » MYSTÉRIEUX

Le monde du spectacle fait ce qu'on peut appeler une véritable fixation sur l'alchimie interpersonnelle et son rapport avec le charisme. Au siècle dernier, nous avons vu quelles réactions chimiques détonantes pouvaient entraîner le comportement de couples célèbres à la ville comme à l'écran, tels ceux formés par Greta Garbo et John Gilbert, Marlène Dietrich et Joseph von Sternberg, ou Richard Burton et Elisabeth Taylor.
Plus récemment, Johnny Depp et Vanessa Paradis, Tom Cruise et Katie Holmes, Brad Pitt et Angelina Jolie, et bien d'autres encore continuent d'alimenter les potins des gazettes et les analyses diverses en matière d'alchimie personnelle positive. Parfois, néanmoins, un effet inverse peut également survenir. L'une des anecdotes les plus médiatisées de ces dernières années fut celle où l'alchimie très forte entre le conseil d'administration de Hewlett Packard et Carly Fiorina, son charismatique PDG, prit brutalement fin, entraînant le licenciement de ce dernier.

Une mise en jeu d'éléments invisibles

Il est impossible de mettre en évidence le processus chimique qui étaye le charisme. Il implique la mise en jeu d'éléments invisibles chez l'interlocuteur, en particulier la stimulation du système nerveux sympathique, avec une augmentation de la pression sanguine, des jambes qui flageolent, des sentiments de plaisir, de joie, de légèreté, etc.

Bien que l'alchimie interpersonnelle et ses effets sur les êtres humains soient invisibles, il est évident que nous nous apercevons de son absence quand elle vient à manquer. Il n'est pas rare, par exemple, d'entendre dire que « le courant ne passe pas » entre deux personnes, ce qui signifie que rien de spécial ne s'est produit entre elles.

En 2011, un critique de cinéma fit la remarque suivante au sujet de l'acteur Kenneth Branagh : « Même si l'on ne sait pas bien dire en quoi consistent le charisme et le magnétisme, une chose est sûre, c'est que Branagh ne possède ni l'un ni l'autre. »

On peut aussi réussir sans charisme

Le film *The Social Network*, qui trace le portrait du créateur de Facebook, Mark Zuckerberg, le montre comme un jeune homme obsessionnel, peu souriant et peu sûr de lui, manquant totalement de personnalité et incapable de faire preuve d'une quelconque alchimie personnelle. Il faut savoir que ce film a été jugé hautement réaliste par de nombreux ex-employés et anciens amis de Zuckerberg ! En effet, dans un certain nombre de vidéos, on le voit téléphone à la main, en train d'envoyer de multiples textos, tout en marchant sans but et sans tenir aucun compte des gens qui sont autour de lui. Ces images, évidemment, ont beaucoup de mal à le faire passer pour un homme très charismatique. Tout cela n'est d'ailleurs pas bien grave, sans doute, pour celui qui est tout de même devenu le plus riche et le plus célèbre des jeunes entrepreneurs.

Et vous, faites-vous partie des gens qui ont besoin de tout contrôler ? Ou bien faites-vous partie des individus qui arrivent toujours à faire les microaménagements nécessaires dans telle ou telle situation ? Voulez-vous que les choses se passent en permanence selon votre volonté ?
Si c'est le cas, la simple notion d'alchimie interpersonnelle doit

vous paraître frustrante, dans la mesure où c'est une donnée qui n'est ni mesurable, ni contrôlable, et qui reste incertaine, même quand elle se produit. La notion d'alchimie personnelle semble si épineuse – et délicate – qu'elle nous ramènerait presque à l'époque du best-seller de Dale Carnegie, *Comment se faire des amis et influencer autrui*, paru en 1936.

En réalité, il existe bel et bien des moyens pour stimuler sa chimie personnelle. Ils ont été mis en évidence à la fois par des études dans le domaine de la psychologie et par des observations recueillies au cours d'ateliers de développement personnel axés sur l'impact. Elles confirment que ce sont nos expériences, nos essais et nos erreurs – ceux que nous faisons au cours du long chemin qui nous mène vers nous-même, alliés à notre volonté farouche d'apprendre à progresser – qui en sont le noyau central.

Charme ou charisme ?

Il y a bien longtemps de cela, les humains réussirent à maîtriser le feu. La formule en était simple et facile à reproduire : air, étincelle, combustible. Si un seul de ces éléments vient à manquer, le résultat est un échec total. La chimie du charisme est plus compliquée : non seulement chaque situation est unique en son genre, mais personne ne peut savoir exactement quel est le meilleur mélange d'ingrédients, ni lequel d'entre eux est le plus important. Par exemple, quelle est l'importance du charme dans le fait d'arriver à créer cette alchimie ?
Et, si le charme compte vraiment, cela signifie-t-il qu'il faut acquérir cette qualité ? *Le Petit Larousse* définit le charisme comme le prestige dont jouit une personnalité d'exception et l'ascendant qu'elle exerce sur autrui.

On prendra soin de noter que le charme n'entre pas dans cette définition. Mais, indépendamment de ce qu'en disent les dictionnaires :

Le charme n'est pas le charisme, et vice versa.

Le charme permet à la fois de séduire, de calmer et de convaincre, et il peut même amener celui qui en est l'objet à se sentir flatté de tant d'attention. Au XIXe siècle, le charme de George « Beau « Brummell le rendit célèbre, malgré son manque évident de charisme. Mais c'était un homme qui savait flatter et qui donnait aux autres l'envie de suivre tous ses caprices vestimentaires. Pendant un certain temps, il devint même l'arbitre de la mode et de l'élégance, grâce à l'ascendant qu'il exerçait sur l'influençable prince de Galles.

Le charme est bien plus superficiel que le charisme

Le charme n'est pas toujours facile à acquérir. Le cas de l'acteur Gary Grant est tout à fait intéressant à ce titre : alors qu'il était le charme personnifié à l'écran, il se plaignait amèrement de ne pas en avoir assez dans la vie, au point d'en arriver à dire : « Même moi, je voudrais être Gary Grant ! « Un autre exemple nous est fourni par les acteurs qui ont incarné James Bond au cinéma. Si Sean Connery, Roger Moore et Pierce Brosnan ont réussi à l'interpréter avec une part de charme non négligeable, Daniel Craig, selon les critiques, a toujours eu beaucoup de mal à les égaler, y compris sur le plan du charisme.

Le charisme inspire, anime, stimule, réjouit, pousse à l'action. Quand ceux qui ont du charme quittent une pièce, leur effet disparaît avec eux ; tandis que le départ des individus charismatiques, au contraire, crée un vide émotionnel qui nous fait attendre leur retour. Autrement dit, l'effet de leur charisme est resté. Certes, le charme peut éblouir vos invités le temps d'un dîner, mais seul le charisme peut captiver un stade entier rempli de milliers de personnes qui ne se connaissent pas.

Le charme est sans conteste une qualité enviable, quoiqu'elle ne soit pas absolument nécessaire pour générer une impression profonde et durable sur autrui. À lui seul, il est rarement capable de créer la bonne alchimie. Pour contribuer au charisme, il faut qu'il soit associé à une autre composante comportementale, comme, par exemple, le fait d'avoir une forte personnalité.

Par ailleurs, le charme est une qualité que l'on peut facilement activer ou désactiver. À la tête d'un véritable empire médiatique, l'homme d'affaires Rupert Murdoch déborde parfois de charme, mais son « état naturel, comme le dit son biographe Michael Wolf dans *Vanity Fair*, se trouve du côté de la combativité ». Idi Amin Dada et Adolf Hitler pouvaient se montrer charmeurs, eux aussi, ce qui, combiné à leur forte personnalité, avait certainement un effet charismatique très puissant. De leur côté, bien que tous deux aient possédé un charisme certain, Gandhi et Mère Teresa ont suscité de nombreux commentaires sur leur extraordinaire capacité à activer leur charme en cas de besoin.

Le rôle limité du charme dans l'alchimie du charisme est parfois souligné par le fait qu'il peut arriver à certaines personnes de nous paraître antipathiques, malgré leur charisme indéniable. C'était le cas de Margaret Thatcher, qui ne manquait certainement pas de charisme, mais qui, en public, manquait terriblement de charme.

L'alchimie personnelle liée au charisme trouve son origine dans un mélange unique fait d'une volonté de :

- poursuivre un objectif (voir chapitre 2) ;
- Être soi-même (voir deuxième partie) ;
- Sourire (voir chapitre 11) ;
- Contact visuel et langage corporel (voir chapitre 12) ;
- Énergie ;

Ce mélange unique n'appartient qu'à vous seul. Il serait forcément différent chez quelqu'un d'autre. C'est la raison pour laquelle vous devez continuer à chercher ce qui vous convient, en essayant différentes approches, jusqu'à ce que vous soyez satisfait par l'impact que produit votre charisme.

ÉNERGIE

Qu'il s'agisse de Martin Luther King, d'Elvis Presley ou de Muhammad Ali, une chose est sûre, tous trois avaient le pouvoir de survolter une salle par leur seule présence et leur extrême énergie. L'alchimie dont il est question ici requiert l'existence d'un haut niveau énergétique dirigé vers l'auditoire. Pour que l'on puisse ressentir votre charisme, vous devez faire des efforts dans ce sens et vous investir dans ce processus en y consacrant toute votre énergie.

> Les êtres charismatiques émettent de l'énergie, en même temps qu'ils en attirent, ce qui crée une force vitale expliquant en partie la notion de magnétisme personnel.

Selon les scientifiques, chacun de nous possède un faisceau d'énergie pulsatile qui interagit en permanence avec ce qui nous entoure.

L'énergie que nous évoquons ici est à la fois d'ordre physique et d'ordre interne. L'énergie interne est une force émanant de l'intérieur ; elle alimente l'élan externe dont les individus très charismatiques font preuve. Avec un peu de pratique, vous pouvez apprendre à développer votre énergie interne. L'énergie externe, quant à elle, propulse l'énergie interne vers l'extérieur. Elle a un effet positif sur autrui et génère un facteur « je-me-sens-bien » qui est tout à la fois mémorable et imposant.

Quand votre production énergétique devient positive, les personnes autour de vous se sentent à leur tour « énergisées ». De ce fait, elles se sentent valorisées, productives, et répondent encore plus fortement à la source même de leur énergie personnelle, c'est-à-dire à votre charisme. Bien qu'il ne soit pas possible de visualiser cette forme d'énergie positive, elle est pourtant reconnaissable.

Lorsque c'est le cas, on dit que les gens sont animés par leur passion, leur engagement, leur enthousiasme, leur détermination, leur entrain, leur exubérance, et même par leur humour.

Pour faire passer leur message, les orateurs doués ne s'appuient pas seulement sur les mots, mais aussi sur leur énergie positive. La combinaison des deux peut s'avérer si envoûtante qu'elle stimule l'inspiration des auditeurs et semble parfois capable de les subjuguer, au point de leur faire perdre tout sens critique.

Ceux-ci peuvent être quasiment hypnotisés par celui qui s'adresse à eux. Si ce n'était pas le cas, comment pourrait-on expliquer qu'Anthony Robbins, coach américain réputé, réussisse, lors de ses séminaires, à persuader son auditoire extasié de marcher sur des charbons ardents ?

Il existe également une différence entre énergie masculine et féminine

Leur impact n'est pas le même. **L'énergie féminine est plus intuitive,** plus réceptive et plus enveloppante. Quand les êtres charismatiques se servent de cette forme d'énergie, leur impact émotionnel sur autrui est encore plus fort. Les hommes aussi bien que les femmes ont la possibilité d'utiliser cette énergie-là, bien qu'elle soit plus naturelle chez les femmes. **L'énergie masculine, quant à elle, se situe essentiellement dans la part forte et puissante d'une personne.** Utilisée par des gens charismatiques, cette forme d'énergie, majoritairement orientée vers l'obtention de résultats, pousse à l'action et fait se dénouer les choses. Bien qu'elle soit le plus souvent associée au genre masculin, les femmes peuvent également se servir de cette énergie et lui faire jouer un rôle non négligeable dans l'établissement de leur charisme.

Ceux qui mobilisent une forte alchimie personnelle autour d'eux sont en général les adeptes d'une utilisation équilibrée de l'énergie féminine et masculine. De ce fait, ils sont perçus comme des êtres possédant un certain magnétisme, ou charisme.

Quelles sont les conclusions que nous pouvons tirer de ces faits ?
Premièrement, vous devez chercher les moyens qui vous aideront à établir votre énergie interne. Bien que cette dernière soit connue depuis des siècles, la façon de la générer n'est pas très répandue dans le monde occidental. Toutefois, les grands principes qui l'étayent nous sont devenus plus familiers, depuis quelques années. Les voici :

- **Réguler le corps,** grâce à certaines postures.
- **Réguler la respiration,** grâce, entre autres, à la respiration abdominale contrôlée.
- **Réguler l'esprit,** grâce à une discipline mentale.

La méditation, le yoga, le tai-chi-chuan, le qi gong, la méthode Alexander et certains arts martiaux, comme le karaté, peuvent s'avérer des moyens plaisants de découvrir comment mettre en application ces trois principes.

Construire votre énergie interne

• **Posture assise**
- Action : asseyez-vous à même le sol ; détendez votre corps ; respirez naturellement ; essayez de ne penser à rien, mais seulement d'être attentif à ce qui se passe.
- Durée : à faire cinq minutes par jour, chaque jour.

• **Respiration**
- Action : comptez vos respirations de 1 à 10 ; une fois arrivé à 10, recommencez. Laissez le rythme de votre respiration (inspiration/expiration) ralentir de lui-même.
- Durée : commencez par le faire une minute par jour pendant quelques jours, puis augmentez graduellement jusqu'à cinq minutes par jour.

• **Posture debout**
- Action : mettez-vous en position debout, bien droit, les pieds parallèles, écartés de 15 à 20 cm.
- Laissez pendre vos bras de chaque côté de votre corps. Fermez les yeux.
- « Visitez » mentalement chacun de vos membres : vos pieds, vos mains, vos épaules, votre cou et votre visage.
- Repérez les zones de tension ou de relâchement musculaire. « Invitez » les muscles tendus à se relâcher.

– Durée : commencez par le faire deux minutes puis passez progressivement à cinq minutes par jour.

Même s'il vous semble que c'est là bien peu de chose pour créer une énergie interne, ne vous y trompez pas, ces exercices constituent un excellent moyen de parfaire votre charisme.

Cherchez ensuite à développer votre énergie vers l'extérieur, en la dirigeant vers les autres.
Vous pouvez le faire en défendant une cause, en vous manifestant pour ce qui compte à vos yeux, en parlant au nom de ceux qui n'osent pas le faire, en donnant votre avis – et en montrant un tel degré d'engagement que les autres seront obligés d'y répondre.
Enfin, appréciez votre énergie à sa juste valeur, et ne la gaspillez pas.

ÉTABLIR UNE BONNE COMMUNICATION AVEC LES AUTRES

Adam Levine, guitariste et chanteur vedette du groupe de rock Maroon 5, entretient un rapport exceptionnel avec ses fans. Pourtant, selon les déclarations de sa mère : « ça lui a pris huit ans pour y arriver. Il avait donné sa première représentation en tournant le dos au public ».

Le rapport à autrui est essentiel dans la construction d'une relation. Oprah Winfrey, célèbre animatrice télé du show éponyme, a particulièrement bien réussi à développer un rapport intime avec son public. Sa façon de faire consiste à raconter des histoires et à parler d'elle-même. Parmi les révélations qu'elle fit à ses débuts, elle raconta ainsi qu'elle avait consommé des drogues, qu'elle avait été violée dans son enfance et que, malgré ses efforts répétés pour lutter contre son surpoids, il lui arrivait de craquer, confiant qu'elle avait mangé un jour un énorme paquet de pains pour hot-dogs, en les inondant de sirop d'érable…

Apprendre à établir une bonne communication demande tout simplement de l'entraînement. Si vous n'êtes pas doué pour le tennis, le fait de vous entraîner régulièrement et de prendre des leçons vous fera devenir meilleur. De la même façon, obtenir des conseils appropriés sur la bonne façon d'établir des rapports et pratiquer un entraînement personnel complémentaire vous aideront à progresser dans ce domaine. Pour commencer, vous pouvez déjà consacrer beaucoup plus d'attention à votre public que vous ne le faites actuellement.

L'empathie

Chacun de nous a sa propre manière d'établir des relations avec autrui. C'est un art, non une science. Toutefois, pour vous encourager à créer votre propre mode de rapports, vous pouvez utiliser une ou plusieurs techniques parmi celles qui sont décrites ci-dessous.

Comment établir de meilleurs rapports avec autrui

- **Connexion :** Cherchez des domaines où vous avez quelque chose en commun avec votre auditoire.
- **Sensibilité :** Évaluez l'état d'esprit des gens qui vous entourent en repérant les indices verbaux et non verbaux qu'ils émettent.
- **Empathie :** Mettez-vous à leur place pour comprendre leur situation et ce qu'ils ressentent.
- **Respect :** Évitez de faire en sorte que les autres

se sentent mal à l'aise, ou qu'ils se comportent mal d'une façon ou d'une autre.

- **Physique :** Adapter ou copier les gestes de quelqu'un influence la façon dont les autres se sentent reliés à vous. Cela marche encore mieux s'ils sentent que vous vous intéressez vraiment à eux.
- **Langage :** Des phrases et des mots bien choisis influencent les émotions des gens à qui vous vous adressez et cela améliore la qualité de votre relation ; vous pouvez leur faire un compliment sincère, par exemple.
- **Questions :** Les questions de type informatif peuvent procurer à quelqu'un l'opportunité de se mettre en valeur. En posant des questions ouvertes, par exemple, vous pouvez encourager les uns et les autres à parler et à partager avec vous des informations intéressantes.
- **Soutien :** Offrez votre aide de façon inconditionnelle en faisant comprendre que vous voulez établir une bonne relation.
- **Histoires :** Raconter des anecdotes ou des histoires vous concernant permet à ceux qui vous écoutent d'avoir le sentiment que vous ne le faites pas seulement pour les distraire, mais aussi pour leur donner de vous une vision plus personnelle.

Communiquer votre empathie

- **Évitez de juger :** Faites bien comprendre que vous n'êtes pas là pour jauger ou critiquer votre interlocuteur, mais que vous cherchez juste à mieux le comprendre.
- **Écoutez attentivement, avec intérêt :** Montrez

votre implication par les expressions de votre visage et des gestes appropriés.

- **Renvoyez :** dites à l'autre personne comment vous percevez ses émotions et ce qu'elle ressent ; vérifiez l'exactitude de vos perceptions.
- **Parlez de vous-même :** Partagez ce que vous comprenez en n'hésitant pas à vous servir de choses qui vous concernent personnellement ; en le faisant, évitez tout de même d'attirer abusivement l'attention sur votre propre personne.
- **Laissez les autres s'exprimer :** Ne cherchez pas à remplir les plages de silence avec vos réflexions ou sentiments personnels. L'empathie, bien souvent, c'est justement d'offrir l'ouverture nécessaire à l'autre pour qu'il puisse réfléchir et vous faire partager ce qu'il ressent.
- **Vérifiez :** Recherchez les indices montrant que vous réagissez de bonnes façons, comme un signe de tête ou une petite phrase du style « Exactement » ou « C'est sûr ».
- **Soyez patient :** Empathie et précipitation ne vont pas bien ensemble ; dans ce domaine, il n'y a pas de raccourcis.

Votre empathie sera bien meilleure si vous réussissez à mettre de côté toute idée préconçue. Au lieu d'essayer de deviner ce que l'autre pense ou ressent, ou ce qu'il cherche à vous dire, mieux vaut manifester votre intérêt pour lui en l'écoutant attentivement, en adoptant des attitudes appropriées et en lui adressant des encouragements qui auront pour effet de l'inciter à s'exprimer davantage.

Soyez attentif

À l'occasion d'une rencontre avec Bill Clinton, l'un de mes collègues britanniques m'a fait cette remarque : « L'ex-président m'a donné en permanence le sentiment qu'il avait traversé l'Atlantique dans le seul but de venir s'entretenir avec moi ! »

En donnant à quelqu'un votre « attention totale », comme le fit Bill Clinton, vous utiliserez l'un des outils les plus flatteurs et les plus magnétiques qui existent pour construire de bons rapports.
« Attention totale », cela veut dire que votre auditoire, qu'il s'agisse d'une personne ou de plusieurs, remplit complètement votre champ de vision. Une attitude quelque peu comparable au fait de mettre des œillères aux chevaux pour que rien ne puisse les distraire.

Quand vous parlez avec quelqu'un, cela veut dire qu'il n'est pas question de lancer un coup d'œil par-dessus son épaule pour voir ce qui se passe ailleurs, de prêter l'oreille à la conversation d'à côté ou de tripoter votre téléphone mobile. Au contraire, vous devez rester concentré comme un rayon laser sur la personne avec qui vous discutez.

Lorsqu'il s'agit d'un groupe, vous devez chercher à repérer continuellement les signes qui trahissent ce que votre auditoire attend de vous, et y répondre. Loin d'être centrée sur la poursuite de vos buts personnels, une « attention totale » implique que vous ne cessiez jamais d'observer et d'analyser autrui.
Dans le cadre d'une relation véritable avec autrui, faire preuve d'une « attention totale « ne consiste pas seulement à regarder

fixement son visage. Certes, vous devez avoir régulièrement un contact visuel avec lui, lui sourire et faire des gestes qui montrent votre intérêt ; mais une « attention totale » implique un certain nombre d'actions auxquelles vous pouvez vous entraîner afin de les maîtriser.

Vous pouvez par exemple témoigner de l'intérêt que vous portez à votre interlocuteur en mentionnant son nom dans la conversation, en le traitant comme quelqu'un d'important, en acceptant son point de vue et en le lui faisant savoir, en le valorisant, en évitant de lui faire sentir qu'il se trompe, etc.

Ayez l'air intéressé

Pour avoir l'air intéressé, il faut que vous le soyez ! Ceci explique en partie comment la plupart des gens ayant bien réussi dans la vie sont capables d'établir rapidement leur charisme. Même si cela ne dure qu'un court moment, ils sont capables de montrer un intérêt intense et valorisant pour votre personne.

Manifester de l'intérêt pour autrui peut s'avérer difficile, en particulier si l'autre n'offre pas d'intérêt particulier à vos yeux et qu'il ne fait rien pour vous détromper. Cependant, si vous prenez la peine de creuser plus profondément, vous verrez que tout être possède en lui quelque chose qui le rend unique, que

ce soit ses intentions, ses expériences passées, ses opinions personnelles ou ses attentes. Les individus charismatiques consacrent une grande partie de leur énergie à essayer de mieux connaître les autres, partant du principe qu'il y a toujours quelque chose d'intéressant à découvrir.
Il existe des moyens simples de prouver votre intérêt pour autrui, tels qu'un air pensif, un hochement de tête au bon moment, un léger mouvement du buste vers l'avant, un encouragement verbal (« hum, hum », « ah, ah »), etc. Ces petits gestes simples, à peine décelables sur le moment, font souvent la différence entre quelqu'un qui sait établir une bonne alchimie interpersonnelle et quelqu'un qui ne le sait pas. (Voir les exemples cités dans la partie « Contact visuel » du chapitre 12.)

Se rappeler le nom d'autrui et s'en servir

Il paraît qu'entendre dire son nom par d'autres personnes est le plus beau des sons. En établissant leur rapport avec autrui, les êtres charismatiques savent combien il est important d'utiliser et de mémoriser les noms. Êtes-vous bon à ce jeu-là ? Ou faites-vous partie de ceux qui se souviennent difficilement des noms et qui aimeraient faire des progrès à ce sujet ?

Tony Buzan, psychologue britannique et expert du cerveau, par ailleurs fondateur des Championnats du monde de mémoire, l'explique ainsi : « La raison principale pour laquelle les gens oublient quelque chose, c'est que pour commencer ils n'y ont pas vraiment fait attention. » Cette règle s'applique tout particulièrement aux noms de personnes. Nous ne faisons tout simplement pas assez d'efforts pour mémoriser un nom, même si l'avons entendu il y a peu de temps.

De ce fait, dire qu'on n'a pas la mémoire des noms est une façon de se défiler. C'est vraiment trop commode de prétendre que le manque de mémoire est quelque chose auquel vous ne pouvez rien, comme s'il vous manquait le gène pour se souvenir des noms. En réalité, à moins que vous n'ayez une dysfonction spécifique, vous pouvez sûrement améliorer votre mémoire des noms en utilisant des moyens simples ayant largement fait leurs preuves, tels ceux décrits dans l'encadré ci-dessous. Êtes-vous vraiment décidé à améliorer votre charisme, oui ou non ? Si vos intentions sont sérieuses, désolé, il va falloir vous y mettre et progresser en matière de mémorisation des noms !

Sept moyens de mémoriser les noms

1. **Désirer :** Vous devez vraiment avoir envie de vous rappeler le nom de la personne.
2. **S'arrêter et écouter :** Trop souvent, juste après avoir rencontré quelqu'un, nous nous précipitons sur une autre conversation.
3. **S'en servir :** Faites-le plusieurs fois pendant la conversation. Toutefois, ne le dites pas plus de trois fois en cinq minutes, cela paraîtrait forcé.
4. **Vérifier :** À moins que la personne ne se soit elle-même présentée à vous, demandez-lui comment elle souhaite que vous vous adressiez à elle.
5. **Associer :** Au lieu de mémoriser le nom comme un simple son, essayez de l'associer directement à une image marquante, ou, mieux encore, à une image bizarre.

- Samantha, la panthère noire et sexy.
- Jack, marchant sur une tige brillante de haricot rouge.
- Thomas, l'avant d'un moteur de char.
- Joshua, faisant s'écrouler les murs de Jéricho avec sa trompette.
- Grace, une gazelle en train de galoper gracieusement.

- Ruby, coincé dans un rubis géant et essayant d'en sortir.

Un président des États-Unis avait le don d'épater son équipe en se rappelant parfaitement bien le nom de chacun. Sa méthode consistait à visualiser le nom de la personne imprimé en caractères gras sur son front !

6. **Écrire** : Notez par écrit le nom de la personne. Si vous ne pouvez pas le faire, contentez-vous de vous imaginer en train de le griffonner, créant la sensation que vous le faites pour de bon en faisant de petits mouvements avec vos mains, tout en disant silencieusement ce nom dans votre tête.

7. **Établir une « fiche visage »** : Quand vous rencontrez quelqu'un pour la première fois, essayez de repérer quelque chose de frappant dans sa physionomie. Cela peut aussi bien être son nez ou son front que sa bouche. Cependant, ne vous fiez pas à la coupe de cheveux ni aux lunettes, car les changements en ce domaine sont trop fréquents. Redites son nom juste pour vous, en l'associant à la caractéristique que vous avez notée. Par exemple, « Antoine au long nez », « Pierre à la bouche mince », « Michaël avec sa fossette au menton », « Léa aux yeux verts », etc.

Écoutez avec attention

Un jour, en 2001, le metteur en scène Roman Polanski appela le producteur Robert Evans, qui venait de publier un livre. Il lui apprit qu'il venait de détruire sa dernière Mercedes dans un accident de voiture. « Qu'est-ce qu'il t'est arrivé ? », lui demanda Evans. « J'étais au volant sur les Champs-Élysées, en train d'écouter l'interview au sujet de ton livre, lui répondit Polanski, et j'ai tellement ri que je me suis payé un arbre ! »

Moralité : quand vous écoutez quelqu'un avec toute votre attention, mieux vaut ne pas chercher à faire autre chose en même temps ! Par exemple, si vous souhaitez établir un bon rapport avec autrui, vous ne pouvez pas continuer à taper sur votre clavier, à consulter la messagerie de votre téléphone ou à gribouiller sur un papier pendant que vous lui parlez.
Quand vous pratiquez une écoute active, assurez-vous d'avoir une idée claire de ce que vous recherchez. Vous pouvez décider de rester sur le qui-vive pour obtenir une information précise, pour résoudre un problème, pour mieux comprendre quelque chose ou pour être capable de prodiguer efficacement des encouragements. Vous pouvez aussi décider d'être à l'affût de phrases révélatrices, de mots indiquant une forte charge émotionnelle, d'une tonalité de voix spécifique, d'un rythme d'élocution, d'une façon particulière de s'exprimer, de métaphores ou du choix des images. Chacun de ces éléments peut vous aider à comprendre ce à quoi pense la personne en face de vous, ou ce qu'elle ressent, et vous fournir des indices sur la meilleure façon de lui répondre.

EXERCICE

Écoute active

1. **Placez-vous en face de votre interlocuteur** et montrez-lui que vous êtes attentif en étant assis bien droit ou légèrement penché vers l'avant.
2. **Maintenez un bon contact visuel** et évitez de laisser votre regard errer vers d'autres personnes ou d'autres activités en cours.
3. **Minimisez les sources de distraction** externes et internes. Éteignez votre ordinateur portable et votre mobile et demandez à votre interlocuteur et aux autres personnes présentes de faire de même.
4. **Accusez réception du message** : quand les gens vous parlent, émettez à voix basse des sons neutres

tels que « hmm, hmm » ou « ah, ah », et hochez la tête. Levez les sourcils. Faites des commentaires brefs tels que « vraiment... », « intéressant... », etc.
5. **Concentrez-vous** sur ce que dit votre interlocuteur et essayez de ne pas penser à ce que vous avez l'intention de dire plus tard.
6. **Soyez attentif aux messages non verbaux** : notez ce que *fait* votre interlocuteur, pas seulement ce qu'il dit.
7. **Gardez l'esprit ouvert,** en évitant de spéculer sur ce que la personne est en train de penser ou sur ce qu'elle ajoutera ensuite.
8. **Évitez de donner votre avis sans y être invité.** Partez du principe que la personne a besoin de finir de parler, et attendez qu'elle vous demande de vous exprimer.
9. **Soyez attentif aux phrases importantes** et aux mots clés. Ils évoquent une émotion ou un ressenti particuliers.
10. **Impliquez-vous,** posez des questions pour éclaircir les choses tout en évitant d'avoir l'air de mener un interrogatoire.
11. **Renvoyez la balle,** tout en vous pliant à un exercice mental qui consiste à ne jamais donner votre propre point de vue sans avoir auparavant résumé à haute voix ce que vous avez compris des paroles de l'autre. Employez des phrases de soutien telles que : « Vous avez mentionné... » ; « Vous avez suggéré que... » ; « Vous avez décrit... », etc.
12. **N'interrompez pas votre interlocuteur.** Avec la pratique, vous y arriverez de plus en plus facilement. Même s'il y a un creux dans la conversation, n'en profitez pas pour reprendre la parole. Attendez d'être sûr que l'autre a vraiment fini de parler.

Parlez à l'autre de ce qui lui tient à cœur

Au fur et à mesure que les gens apprennent à se connaître et qu'ils établissent une relation plus profonde, les informations qu'ils échangent sont de plus en plus personnelles.
Quand vous posez des questions à quelqu'un sur ses centres d'intérêt, il y a tout lieu de croire que vous toucherez ce qui lui tient à cœur et ce qui le fait vibrer.
L'une des façons d'engager la conversation consiste à faire part de vos recherches ou de vos activités afin que votre interlocuteur se permette de parler des siennes à son tour.

Traitez l'autre comme une personne importante

Les gens aiment se sentir valorisés et respectés. Il convient de prendre au sérieux ce que l'on vous dit et de montrer que vous y réfléchissez vraiment. Même si vous ne partagez pas leur point de vue, les autres ont le droit d'avoir une opinion différente de la vôtre. Demandez-leur ce qu'ils en pensent, si cela leur pose problème ou s'ils ont des réserves à émettre.
À un moment ou à un autre, vous finirez bien par trouver un point d'accord qui réunira vos attentes mutuelles et favorisera l'alchimie entre vous.

Le principe « accepter et construire »

L'essence du principe « accepter et construire », c'est de prendre ce que quelqu'un vous propose et d'y travailler activement pour aller de l'avant. Vous ajouterez ainsi de la valeur aux suggestions ou aux remarques qui vous ont été soumises.
Vous n'avez pas besoin d'être complètement d'accord avec le point de vue que l'autre défend, il vous suffit de garder son idée et de l'orienter différemment.
Une excellente façon d'initier le principe « accepter et construire », c'est de prendre l'habitude de dire « Oui, et... » au lieu de dire « Oui, mais... » quand vous répondez à ce que l'on vous dit.

Le principe « accepter et construire » : quelques exemples

A. « Pourquoi ne fermerait-on pas le bureau ? On pourrait passer l'après-midi ensemble ? »

- « Oui, on pourrait même apporter chacun quelque chose à manger, histoire de faire un repas d'équipe ! »
- « Oui, quelqu'un pourrait aussi apporter un appareil MP3 avec un haut-parleur pour qu'on ait de la musique ! »
- « D'accord, et on pourrait demander à l'avance aux uns et aux autres quelle musique ils aiment. »

B. « Je pense qu'effectivement il était temps que nous ayons une nouvelle brochure. »

- « Oui, et... ça pourrait aussi être le bon moment pour refaire notre site Web. »
- « Oui, et... pendant qu'on y est, pourquoi est-ce qu'on ne ferait pas... ? »

C. « Le bureau commence à être franchement désordonné, il est temps d'avoir une nouvelle séance collective de rangement. »

- « Oui, et... prenons donc quelqu'un pour nous aider. »
- « Oui, et... bien que de mon côté j'aime assez le foutoir, j'apporterai de la musique pour vous rendre la tâche plus agréable pendant que vous rangerez. »

Le meilleur exemple du principe « accepter et construire » est apporté par les sessions de brainstorming. Bien menées, ces sessions laissent la critique de côté, au moins dans un premier

temps. Pendant toute la première partie du brainstorming, chacun y va de sa suggestion et il se crée ainsi un continuum d'idées qui encourage à aller plus loin.
Si l'usage du principe « accepter et construire » fait naturellement partie de votre façon de répondre aux gens, ceux-ci vous verront sous un angle positif et vous considéreront comme une personne charismatique accordant de la valeur à ce qu'ils disent.

Valorisez les autres

C'est en montrant aux autres que vous vous intéressez à ce qu'ils font et à ce qu'ils réussissent que vous établirez un meilleur rapport avec eux. Peu importe qu'ils vous paraissent peu importants, voire insignifiants : ils vous donnent l'opportunité de montrer que vous attachez de la valeur à leur contribution. En faisant cela, c'est un peu comme si vous faisiez partie de leur réussite.

Quelques exemples

- Au sein d'une réunion d'équipe, au moment où quelqu'un pose une question, vous le valoriserez en disant : « Ça, c'est une bonne question », ou bien « Vous avez le don d'aller au fond des choses », ou encore « Voilà qui donne à tous de quoi réfléchir pour un bon moment ».
- Le moment est venu d'introduire un client auprès d'un collègue : « Je vous présente Marie, qui s'occupe du service clientèle ; elle est totalement passionnée par le fait de rendre nos clients heureux. »

Principe de réciprocité

Quand les gens s'entendent bien, il se produit entre eux un véritable échange, basé sur la réciprocité. Sans cela, les échanges resteraient dépourvus de substance. Partez toujours du principe que l'autre veut établir une vraie relation avec vous et servez-vous des principes de base de la réciprocité :

- **Pour attirer l'attention,** soyez attentif.
- **Pour être intéressant,** intéressez-vous aux autres.
- **Pour être compris,** cherchez à comprendre les autres.
- **Évitez aux autres le sentiment de mal faire** ou d'avoir tort.

Les principes de base de la réciprocité sont très proches de tout ce qui contribue à valoriser les autres. Plutôt que de les contredire, de leur dire qu'ils ont tort ou qu'ils n'ont rien compris, proposez-leur une nouvelle perspective, une alternative ou une interprétation différente.
Supposons que lors d'une présentation, quelqu'un passe une diapositive avec une colonne de pourcentages montrant une erreur de calcul. Au lieu de mettre l'accent sur l'erreur elle-même, ce qui placerait le présentateur dans l'embarras, essayez de vous y prendre autrement. Vous pourriez dire, par exemple : « Le total de la colonne de pourcentages semble supérieur à 100 % ; c'est peut-être lié à des erreurs de décimales ? »

Dites les choses et partagez-les

Partagez vos impressions avec les autres sur ce qui est en train de se dérouler. Invitez-les à s'exprimer, eux aussi.
Exemples
- « Est-ce que quelqu'un d'autre, à part moi, ressent le besoin de faire une pause ? »
- « J'ai l'impression qu'on s'enlise, si on essayait d'avancer ? »
- « Vous avez l'air d'être frustré par ma réponse, vous voulez qu'on en parle ? »
- « Ce sujet me paraît bien confus. »

Quand vous énoncez ce qui est en train de se produire, vous diminuez son effet négatif et vous augmentez son effet positif. Par exemple, si vous dites « Je suis en train de vivre un super-moment », vous invitez les autres à ressentir la même chose que vous.

> Lorsqu'ils commentent
> ce qui est en train
> de se produire,
> les êtres charismatiques utilisent
> souvent des superlatifs
> au cours de leur discours :
> « C'est merveilleux »,
> « C'est génial »,
> « Quel bonheur ! »,
> « Super ! »,
> « C'est magnifique
> de vous avoir rencontré ! »...

Bien évidemment, vous serez encore plus crédible et séduisant si vous vous exprimez avec votre cœur et si vous montrez des sentiments sincères de plaisir, d'enthousiasme et de compréhension.

Les résultats de l'alchimie du charisme

L'alchimie créée par le charisme pourrait être comparée au fait de faire la cuisine dans le noir. Même en connaissant la recette et en ayant les bons ingrédients, encore faut-il mélanger ces derniers comme il faut pour faire ressortir toute la saveur de votre « gâteau charismatique ».
Les individus très charismatiques mettent beaucoup de leur énergie et de leur habileté à construire une bonne relation avec leur auditoire, adoptant une série de comportements

interactifs qui sont tous à votre portée à condition de les apprendre et de les mettre en pratique.
Certains sont plus difficiles à cerner que d'autres, mais tous, ou presque, sont alimentés par votre énergie, votre perspicacité et votre connaissance de vous-même.

11. SOURIEZ !

Souriez et la vie vous sourira...

Proverbe

Le célèbre comique Michael McIntyre est connu pour arborer un sourire presque aussi large que son corps, lequel est assez trapu. Sans jamais cesser de sourire, il parcourt la scène de long en large tout en racontant ses histoires. Son style unique lui a valu de plaire à un public de tout âge, au point que toutes les places de son dernier spectacle avaient été vendues dix-huit mois avant qu'il ne démarre !

Si son sourire a autant d'impact, c'est sans doute dû au fait qu'il s'amuse énormément en jouant, ce dont personne ne peut douter. De toute évidence, il adore être sur scène et il aime établir le contact avec un public qui lui est totalement acquis. Combiné à son énergie débordante, son sourire éclatant semble dire : « Je me fais vraiment plaisir en faisant cela. »

Il n'a presque jamais besoin de se forcer à sourire, dans la mesure où celui-ci fait partie intégrante de son charisme.

Pour McIntyre comme pour d'autres, sourire est une façon de développer son charisme. Pour autant, on peut légitimement se poser la question de savoir comment ça marche. Pourquoi sourions-nous ? Le sourire est-il essentiel au charisme ? Qu'est-ce qu'un sourire intérieur ? Pouvons-nous contrefaire notre sourire pour avoir plus d'impact ? Sans oublier, bien sûr, la question clé : un faux sourire peut-il aider à avoir plus de charisme ?

POURQUOI SOURIT-ON ?

Depuis des millénaires, le sourire joue un rôle fondamental dans le développement de l'humanité et dans la perception par les autres de ce qui s'appelle le charisme.
À l'origine, le sourire avait des buts plus limités. Il nous permettait de communiquer à distance, par exemple pendant la chasse ou lors d'une confrontation avec des ennemis potentiels.
Selon Dacher Keltner, Professeur de psychologie à l'université de Berkeley, nous pouvons détecter un sourire standard à 100 mètres de distance, même s'il n'a pas duré plus de trois secondes : « Durant ce court laps de temps, vous révélez plus de vous-même que vous n'en aviez l'intention ; il peut même vous arriver de livrer des informations importantes. »
Ultérieurement, le sourire devait jouer un rôle plus important, permettant d'influencer autrui, de se montrer plus persuasif et de modifier le ressenti de son interlocuteur.

Sourire et communication

Les sourires permettent une communication abrégée, comparable à la sténographie. Cela explique sans doute pourquoi les chercheurs ont réussi à identifier plus de 18 variantes du sourire, chacune d'elles permettant de faire passer un message particulier.

Le sourire
est communicatif
comme le bâillement
d'où son importance
dans l'élaboration du charisme.

L'importance des neurones miroir

Des recherches très récentes sur le fonctionnement du cerveau ont identifié une catégorie spécifique de neurones qui, pour la première fois, explique pourquoi nous répondons par un sourire quand nous en recevons un. Quand vous voyez quelqu'un sourire, un neurone « miroir » s'active au niveau de votre cerveau pour le copier, et c'est pourquoi vous le reproduisez presque sans y penser. Un proverbe indien évoque ce phénomène, de façon plus poétique : « Le sourire que vous offrez à quelqu'un vous revient toujours. »

Ces neurones miroirs, qui font partie des découvertes fondamentales récentes dans le domaine des neurosciences, confirment à quel point le sourire est capable d'un effet en profondeur, lui permettant d'agir sur autrui sans même que la personne s'en rende compte. Richard Wiseman, expert de renommée mondiale en matière de recherches sur la chance, le paranormal et l'humour, en donne l'explication suivante : « Vous ne vous rendez même pas compte que vous êtes en train d'imiter cette personne, vous savez simplement qu'elle vous fait vous sentir heureux. »
« Il s'agit d'une contagion émotionnelle », ajoute Amir Erez, expert du cerveau et professeur adjoint à l'université de Floride.

Compte tenu du grand nombre de sourires différents que nous pouvons utiliser, comment savoir lequel d'entre eux a le plus d'impact si nous voulons nous montrer sous notre jour le plus charismatique ?

Pour Paul Ekman, professeur de psychologie à l'université de Californie, probablement le meilleur spécialiste sur ce sujet, le « meilleur sourire est celui qui est ressenti de l'intérieur ». Ce sourire-là est un sourire qui prend source dans vos émotions et qui est issu de sentiments sincères.

Ce que l'on sait du sourire

- Notre visage est fait pour sourire. Sous la peau qui le recouvre se cachent quelque 3 000 muscles, lesquels en se combinant sont responsables des diverses expressions que nous pouvons émettre. La plupart de ces actions musculaires sont fugaces et à peine sensibles, à part à un niveau inconscient.
- Il est plus facile de sourire que de froncer les sourcils. Il faut activer 43 muscles différents pour générer un froncement des sourcils, alors qu'il en faut seulement 17 pour sourire, même si ce nombre peut augmenter sensiblement dans certains cas et qu'il en faut 53 pour faire un sourire béat.
- Le sourire est instinctif. On en est capable dès la naissance, sans avoir besoin de l'apprendre. Même les bébés aveugles savent sourire.
- Les femmes sourient plus souvent que les hommes. Cela peut-il expliquer, au moins en partie, pourquoi elles vivent plus longtemps qu'eux ?
- Les recherches sur le sourire ont identifié 18 formes de sourires utilisées dans différentes circonstances relationnelles et sociales.
- Les études sur le sourire semblent indiquer que le fait de sourire modifie la façon dont les autres vous perçoivent – ils vous voient plus sincère, plus attrayant, plus sociable et plus compétent –, ce qui explique son importance dans le domaine du charisme
- Du fait de la libération de sérotonine dans le cerveau au moment où l'on sourit, le sourire a un effet bénéfique réel et l'on se sent mieux.
- S'il n'est pas essentiel de sourire pour être charismatique, c'est toutefois fortement recommandé.
- Le sourire stimule une réponse cérébrale

automatique chez les autres, ce qui les pousse à vous sourire à leur tour.

• Les meilleurs sourires, ceux qui marchent le mieux, sont ceux qui viennent du dedans. En revanche, les sourires forcés sont facilement dépistés par la plupart des gens.

EST-IL NÉCESSAIRE DE SOURIRE POUR AVOIR DU CHARISME ?

« Ah, le sourire d'Anita, je m'en rappelle si bien. Je veux dire, son merveilleux sourire qui semblait contenir toutes les promesses du monde. » (Marianne Faithful parlant d'Anita Pallenberg, actrice américaine d'origine italienne, par ailleurs top model, styliste et compagne de Keith Richards, guitariste des Rolling Stones.)

Dans la majorité des cas, charisme et sourire sont pour ainsi dire inséparables l'un de l'autre. Non que le sourire soit indispensable pour avoir un fort impact sur autrui, mais sa présence s'avère extrêmement importante, surtout s'il s'agit d'un sourire authentique.

On peut penser ce que l'on veut de Barack Obama et de ce qu'il représente, mais force est de reconnaître que son sourire est à la fois convainquant et magnifique, comme l'était celui de son prédécesseur Bill Clinton.

Le sourire de Barack Obama est un élément essentiel de son charisme.

Pour autant, sourire est-il vraiment nécessaire pour avoir du charisme ? Le sourire de Barack Obama ou celui de Bill Clinton, en effet, n'explique que partiellement l'impact majeur dont l'un et l'autre font preuve quand ils s'adressent à la foule. Clinton, en particulier, ne se contente pas de sourire : il est aux anges. Pour lui, avoir un effet sur ceux qu'il côtoie, ce n'est pas se plier à un devoir, c'est vraiment se faire plaisir.

Toutefois, il peut arriver à certains individus dotés d'un fort charisme de ne pas être pourvus de cette capacité à sourire naturellement (voir le chapitre 1). Il est donc tout à fait possible d'avoir beaucoup de charisme sans être en permanence en train de sourire. Il arrive même que le charisme soit encore plus frappant quand le sourire est rare, comme si son apparition faisait l'effet d'un rayon de soleil illuminant tout ce qu'il y a autour de lui.

Le sourire est un moyen de communication extrêmement utile qui évoque confiance, énergie, rayonnement et plaisir à être ensemble. Ces divers sentiments augmentent l'impression de charisme, dans la mesure où non seulement nous en reconnaissons les signes, mais qu'en outre, nous y répondons nous-mêmes de façon réflexe.

Il n'est donc pas surprenant de constater que les gens pourvus d'un grand charisme consacrent beaucoup de leur temps à sourire, car cela leur permet à la fois de partager leur bonheur et de répandre autour d'eux un sentiment de bien-être. Pour eux, c'est une façon d'exposer au grand jour leur chimie personnelle, soit en montrant leur empathie, soit en établissant leur rapport avec autrui.

EXERCICE

Sourire (I)

Si vous souriez trop rarement, les muscles du sourire peuvent littéralement commencer à

s'atrophier. Mais vous pouvez facilement vous entraîner à retrouver votre sourire.

1. **Commencez par étudier** longuement votre sourire en vous regardant dans une glace. (Faites-le pendant cinq minutes au moins.)
2. **Notez soigneusement** ce que vous voyez. Avez-vous l'air d'avoir un sourire forcé, ou avez-vous les yeux pétillants ?
3. **Cherchez quelques photos** de vous en train de sourire. Même si vous détestez être pris en photo, vous en trouverez forcément une ou deux où vous arborez un beau sourire.
4. **Servez-vous de cette photo** pour étudier les particularités de votre visage à ce moment-là.
5. **Replacez-vous en face du miroir** et entraînez-vous à reproduire ce sourire en faisant bien attention à ce que vous ressentez en le faisant, de manière à être capable de le refaire sans être face au miroir.
6. **Commencez votre « journal du sourire ».** Notez dans celui-ci tous les moments où vous avez vraiment souri, moments de joie ou de rire, même s'ils ont été brefs.
7. **Parmi ces moments-là, choisissez-en un** et tentez de revivre l'émotion qui lui était liée, avec le plus de détails possible.
8. **Si vous avez du mal à remplir votre journal,** c'est bien la preuve que vous devez sourire plus souvent !

Vous l'avez compris, le fait de sourire peut effectivement améliorer votre charisme. Mais cela sera d'autant plus vrai s'il s'agit d'un sourire venu du dedans, c'est-à-dire d'un sourire que nous appellerons votre sourire intérieur.

QU'EST-CE QU'UN SOURIRE INTÉRIEUR ?

« Son sourire ne cherchait pas à être vu de quiconque, il remplissait son propre but en étant simplement souri. » (Rainer Maria Rilke, *les Cahiers de Malte Laurids Brigge*.) Comme on l'a déjà précisé, il existe des preuves tangibles que le sourire est lié à la libération dans le cerveau de molécules chimiques spécifiques, dont la sérotonine, neuromédiateur associé à un sentiment de plaisir. La présence de ces substances provoque des modifications corporelles, incluant relaxation et bien-être. Que vous soyez effectivement en train de sourire ou que vous le fassiez seulement en pensée n'a pas d'importance. Dans les deux cas, l'acte de sourire, comme le simple fait d'y penser, vous sont bénéfiques.

Il n'y a d'ailleurs rien de loufoque ni de bizarre à parler de sourire intérieur, parfois défini comme un sourire issu directement du cœur et qui n'a rien à voir avec le fait de commander consciemment les mouvements des muscles faciaux du sourire. Néanmoins, il est sûr qu'il n'existe aucun moyen de détecter si un sourire provient bien de l'intérieur, hormis le constat, sans doute, d'une légère baisse de la pression artérielle.

Pourtant, certains individus, parmi les plus sensés, savent parfaitement que leur sourire intérieur existe. Ils lui attribuent toute la valeur qu'il mérite et, consciemment ou non, s'en servent de manière assidue. Parmi ceux qui ont un grand charisme, nombreux sont ceux qui s'appuient sur leur sourire intérieur pour créer ou stimuler un authentique sourire extérieur.

Le sourire intérieur est donc doublement important, à la fois parce qu'il influence votre sourire physique et parce qu'il peut représenter l'un des éléments essentiels de votre charisme.

Ceci dit, puisqu'il n'est pas possible de visionner réellement un sourire intérieur, comment allez-vous faire pour trouver le vôtre ? Vous devez commencer par « chercher en vous-même ». Cela signifie que vous devez consacrer une partie de votre temps à mieux vous connaître, le but étant d'être plus à l'écoute de votre moi profond et de la façon dont vous ressentez ce qui se passe en vous et autour de vous. Toutefois, trouver votre sourire intérieur n'est qu'un début. L'étape suivante consiste à devenir capable de l'étendre vers l'extérieur, de telle sorte que cela puisse influencer positivement les situations où votre charisme est particulièrement nécessaire. Cela doit se traduire par un véritable sourire, que les autres ressentiront comme sincère, et par le fait d'influencer votre comportement et votre attitude envers autrui.

EXERCICE

Peaufinez votre sourire intérieur

Vous pouvez vous entraîner à parfaire votre sourire intérieur dans de nombreuses situations : lors d'un déplacement en avion, quand vous êtes coincé dans les embouteillages ou que vous faites la queue dans un magasin, quand vous vous préparez pour une réunion ou une conférence, etc.

- **Restez immobile, les yeux ouverts ou fermés.**
- **Prenez bien conscience de l'endroit où vous vous trouvez réellement.**
- **Servez-vous de votre mémoire pour vous rappeler une expérience antérieure relative à un moment joyeux, afin de retrouver la sensation de sérénité que vous avez vécue à ce moment-là : voir le sourire d'un enfant, se trouver dans un endroit permettant de communier avec la nature, ou tout événement qui vous rappelle un beau souvenir…**

- Ressentez l'énergie correspondante circuler alternativement vers le haut puis vers le bas du corps, vers l'extérieur et l'intérieur.
- Dépistez un soupçon de sourire, proche de votre cœur, que ce soit sous la forme d'une sensation ou d'un sentiment, mais dont vous savez avec certitude qu'il provient de l'intérieur de vous-même. Pour vous aider à le ressentir, vous pouvez éventuellement placer votre main à l'emplacement du cœur.
- Relevez légèrement les coins de votre bouche, sans forcer. Laissez-les remonter naturellement, tandis que votre sourire intérieur gagne peu à peu votre visage et adoucit progressivement votre regard.
- Au moment où votre sourire commence à s'exprimer, laissez-le émerger et s'animer de lui-même tout en ressentant le bien qu'il vous procure. Plutôt que de vous forcer à sourire, laissez-le vous gagner de façon naturelle.
- Remarquez combien le simple fait de penser à sourire donne envie à votre visage de le faire, et combien le fait d'avoir des pensées souriantes s'avère la meilleure stimulation pour avoir encore plus envie de sourire.
- Restez tranquillement connecté à votre sourire intérieur et profitez de l'instant. Essayez de faire durer cette sensation aussi longtemps que possible.
- Revenez peu à peu au monde extérieur, tout en souriant de l'intérieur et en faisant rayonner votre sourire vers le dehors.

On a toujours le temps de pratiquer ainsi son sourire intérieur.

Activez votre sourire intérieur quand vous cherchez à faire forte impression sur autrui, ou quand vous avez besoin d'utiliser votre potentiel charismatique.

CONTREFAIRE SON SOURIRE

À notre époque où l'image est devenue si importante, un véritable commerce du sourire s'est développé. Pour l'améliorer, il est devenu possible de faire modifier sa dentition, la forme de son nez, l'implantation de ses cheveux, et de combler ses rides ou d'accentuer la ligne de ses mâchoires... Ayant compris qu'un beau sourire pouvait augmenter leur impact, un certain nombre de célébrités ont dépensé beaucoup d'argent pour améliorer artificiellement leur apparence. Parmi eux, Tom Cruise aurait misé 18 000 euros, Catherine Zeta-Jones, David Bowie et Nicole Kidman auraient dépensé plus de 25 000 euros chacun, tandis que Michael Douglas ou Jodie Kidd sont supposés en avoir dépensé 35 000 euros. Le metteur en scène Michael Bay n'a pas hésité à expliquer l'origine du grand sourire arboré par l'acteur Ben Affleck : « Nous avons dépensé vingt mille dollars pour qu'il ait de plus belles dents, non seulement plus blanches, mais aussi plus grandes... car il avait presque des dents d'enfant, tellement petites... de sorte que mon dentiste l'a fait rester assis sur une chaise pendant une semaine entière, à raison de huit heures par jour. »

Améliorer votre sourire pour émerveiller vos admirateurs n'a pourtant pas grand-chose à voir avec le fait de changer des plombages, de porter un appareil dentaire ou de s'astreindre à une meilleure hygiène dentaire. Néanmoins, de nombreux dentistes se sont transformés en marchands de sourire. Pour le modifier, ils offrent une gamme de techniques fort coûteuses dont la plupart doivent être régulièrement renouvelées. En réalité, ces marchands de sourire sont les héritiers d'une longue tradition de professionnels dédiés à l'amélioration du sourire.

On sait depuis des millénaires que le sourire est l'un des meilleurs moyens de faire une bonne impression sur autrui. Dans les civilisations anciennes, on utilisait des matériaux ressemblant aux dents pour réparer et combler la dentition. Déjà, au VIIIe siècle avant J.-C., les Étrusques utilisaient l'ivoire et l'os pour remplacer les dents. Les tout premiers marchands de sourire récupéraient même les dents des morts ou en achetaient à des donneurs vivants. Ces méthodes, bien que donnant des résultats assez catastrophiques, ont tout de même duré jusqu'au XIXe siècle.

Soyez prudent avec l'industrie du sourire et la chirurgie esthétique

À l'heure actuelle, le blanchiment des dents et la pose d'implants font partie des méthodes standard de l'industrie du sourire. Soyez prudent, toutefois, si vous pensez y avoir recours pour booster votre confiance en vous et votre charisme. Selon une étude menée par la Société dentaire de Chicago auprès de 350 dentistes, 40 % d'entre eux exprimaient des réserves au sujet des dentitions beaucoup trop blanches que leurs patients arboraient.

Les implants, quant à eux, peuvent provoquer des foyers infectieux à la base de l'implant. Leur pose est parfois responsable de lésions au niveau du nerf, provoquant perte de sensibilité, douleur et fourmillements au niveau du menton, des lèvres ou des gencives. La chirurgie proprement dite peut éventuellement créer des lésions des dents adjacentes ou des vaisseaux sanguins.
Les injections de Botox® que l'on vend à celles et ceux qui veulent un plus beau sourire, en leur promettant une

réduction de la ride du lion et un look plus jeune, ne sont pas plus miraculeuses. Elles peuvent provoquer des dommages physiques, notamment vous faire ressembler à quelqu'un ayant fait un accident vasculaire cérébral, avec paupières tombantes, élocution indistincte, commissure labiale affaissée, front asymétrique et même incapacité à fermer les yeux.
Ce qui n'est pas génial, me semble-t-il, pour améliorer votre charisme !

Mais ce n'est pas tout, car votre capacité à exprimer vos émotions dépend essentiellement des expressions de votre visage. Si nos rides sont un peu plus profondes, c'est sans doute que nous avons un visage particulièrement expressif. Les recherches concernant le leadership, par exemple, montrent que les gens, dans l'ensemble, évaluent le niveau de confiance en soi, la force de caractère, la fiabilité et la sympathie d'autrui en regardant simplement les expressions de son visage. Si vous les éradiquez avec du Botox, cela a de bonnes chances de ruiner votre charisme, au lieu de l'améliorer.
En ce qui concerne le fameux sourire hollywoodien, qui passe par une réfection complète de la mâchoire et un lifting des joues et des lèvres, vous pouvez être certain d'une chose : votre charisme est tellement lié à ce qui se joue à l'intérieur de vous-même que trafiquer ainsi votre sourire ne peut pas vraiment faire du bien à votre impact sur autrui – à moins, évidemment, que cela ne vous permette de construire votre confiance en vous et votre estime de vous-même.

LE POUVOIR DU SOURIRE

L'industrie du cinéma, dans laquelle les stars ont l'obligation de faire preuve d'un fort charisme, continue à mettre puissamment l'accent sur le rôle du sourire.

Des carrières cinématographiques tout entières peuvent naître de la puissance d'un sourire. Julia Roberts en est un bon exemple, puisqu'on la cite régulièrement pour avoir le sourire le plus cher du monde, même si elle vient récemment de céder sa place à la vedette de Ugly Betty, qui a fait assurer son sourire pour 10 millions de dollars. Ce fut également le cas pour Ingrid Bergman. Lors de sa première apparition au cinéma, on la voyait simplement sortir d'un hall d'hôtel, sourire aux lèvres, pour aller demander le journal du matin. C'est ainsi que s'imposa immédiatement son image, celui d'une jeune femme fraîche et radieuse, éclatante de santé, expressive et souriante.

Attention au sourire stéréotypé

Si vous êtes une jeune femme et que vous souhaitez gravir les marches glissantes qui conduisent au sommet du monde du business, vous vous demandez peut-être si le fait de sourire beaucoup vous aidera à franchir le plafond de verre, ou augmenter votre charisme.

En réalité, le fait de sourire trop souvent peut nuire à votre charisme, éventuellement, dans la mesure où cela vous fait tomber dans le piège d'un stéréotype, celui du comportement traditionnel féminin, où on suppose que les femmes sourient facilement.

La sociopsychologue Nancy Henley définit le sourire d'une femme comme étant son « badge d'apaisement », celui qu'elle utiliserait pour calmer un homme plus fort qu'elle.

La conclusion à en tirer est la suivante : pour les femmes, quand il s'agit d'interagir avec des figures dominantes, le moins peut le plus.

D'après certaines études, lors de rencontres purement sociales, les femmes passent 87 % de leur temps à sourire, contre 67 % seulement pour les hommes. Elles sont aussi beaucoup plus nombreuses que les hommes à retourner un sourire. Sourire occasionnellement peut donc s'avérer plus bénéfique pour votre charisme que sourire trop souvent.

Attention, sourire trop souvent peut éventuellement nuire à votre charisme

De la même façon, sourire sans tenir compte de votre état émotionnel ne peut guère vous aider à faire passer votre charisme. Il ne s'agit que d'un sourire sans raison profonde, ce que les femmes pratiquent souvent. Cela ne renforce en rien votre charisme, et peut même le diminuer.

Nous avons plein de sourires à vous offrir

Jack Ma, fondateur du e. commerce high tech Alibaba. com, recherche systématiquement des employés souriants : « Quand nous embauchons des collaborateurs, nous cherchons des gens ayant un naturel gai et optimiste... Car, s'il est difficile de rendre triste une personne gaie, il est bien plus difficile de rendre gaie une personne triste. À la façon dont elle sourit, je suis capable de dire si telle ou telle personne fait partie de mon équipe. »
Cette obligation de sourire, de paraître gai, voire joyeux, est comparable à une forme forcée de charisme. À l'heure actuelle, par exemple, il y a de nombreux secteurs professionnels ou l'on demande non seulement aux employés d'être efficaces derrière un bureau ou un comptoir, en répondant aux questions qui leur sont posées, mais aussi d'être capables de sourire en permanence, qu'ils en aient envie ou pas.
Cette exigence prend racine dans la certitude suivante : plus le sourire de l'employé est grand, plus le client est content. Bien évidemment, les employeurs le savent et cherchent à en tirer parti.
Par exemple, des chercheurs américains se sont penchés en détail sur les interactions entre clients et serveurs dans

les cafétérias. Tout au long de l'échange, à diverses étapes de la transaction, ils ont évalué la puissance du sourire des employés.
L'éventail va du sourire absent au sourire maximal, qui découvre les dents. Les chercheurs ont ensuite interrogé les clients sur leurs perceptions de la qualité du service. Plus le sourire du serveur était large, plus le client avait tendance à trouver ce dernier compétent et à être satisfait de sa prestation. Les clients avaient également tendance à laisser des pourboires plus importants aux serveurs souriants. Cet exemple conforte naturellement les employeurs dans leur souhait d'avoir un personnel constamment souriant, même s'il ne s'agit là que d'un pseudo-charisme.

Le sourire forcé envahit même les jeux Olympiques. Par exemple, qu'elles soient gagnantes ou perdantes, les équipes de natation synchronisée ne se contentent pas de coordonner leurs mouvements ; elles arborent également la même pince nasale et le même sourire forcé. Il en est de même pour les gymnastes qui finissent toujours leur enchaînement par un sourire figé, un peu craintif.

EXERCICE

Sourire (II)

Savez-vous ce qui vous pousse à sourire ? Voici les vingt raisons que quelqu'un nous a données récemment :

Les premières cerises du printemps, rester couché un matin pluvieux, danser, les baisers furtifs, se trouver en famille, rentrer à la maison, regarder « l'Amour est dans le pré » à la télévision, donner des réponses justes aux jeux télévisés, les bonnes

notes des enfants, lire *Harry Potter*, être au soleil, faire du roller, manger du très bon chocolat, faire la cuisine, regarder de vieilles comédies musicales, jouer avec les enfants, nager, chanter des chansons dont on connait les paroles, passer du temps avec ses amis proches, faire rire les autres, aller au théâtre voir une comédie.

À votre tour :

- **Faites la liste de cinq choses qui vous font sourire :**

- **Servez-vous de cette liste quand vous constatez que vous ne souriez pas assez. Pourquoi ces choses vous font-elles sourire ?**

- **Qu'ont-elles de particulier qui provoque en vous cette réaction ?**

UN FAUX SOURIRE PEUT-IL AIDER À AVOIR PLUS DE CHARISME ?

Dans la mesure où sourire est un moyen d'améliorer son charisme, il pourrait sembler raisonnable de vouloir sourire tout le temps, quitte à se forcer un peu. Mais les faux sourires, facilement détectables, peuvent vous faire plus de mal que de bien.

Un médecin français très connu au XIXe siècle, nommé Guillaume Duchenne, a identifié deux types distincts de sourire, dont l'un ne peut pas être imité, même volontairement. **Le sourire de Duchenne, ou vrai sourire, est un sourire qui implique la contraction simultanée des muscles zygomatiques,** qui relèvent les coins de la bouche, **et des muscles orbiculaires** de l'œil, qui relèvent les joues et font se former de petits plis aux coins des yeux (les pattes-d'oie).

Vrai sourire

Or il n'est pas possible de commander volontairement la contraction des muscles orbiculaires de l'œil. Si vous vous forcez à sourire, vos yeux vous trahiront. Nous apprenons à détecter dès l'enfance ces petits signes nous informant qu'il s'agit d'un faux sourire. Les individus vraiment charismatiques sourient avec leurs yeux, littéralement, parce qu'ils utilisent leur sourire intérieur pour générer leur sourire extérieur. Un sourire qui n'est pas le sourire de Duchenne n'utilise que les muscles zygomatiques. On l'a surnommé le sourire de la Pan Am, autrefois, car le personnel navigant de cette compagnie aérienne, aujourd'hui

Sourire de façade

disparue, avait pour habitude de présenter à chaque passager le même sourire de façade, complètement fabriqué. De nos jours, on l'appelle le sourire Botox...

Quand le Premier ministre britannique Gordon Brown sourit

« Ce jour-là, Gordon Brown se présenta à la conférence de presse avec un sourire inquiétant. Son sourire large et profond était sans doute supposé lui donner un air tranquille et sûr de lui. Au lieu de quoi, on aurait dit que ses assistants le lui avaient fabriqué à l'aide de ces dispositifs que les dentistes utilisent pour vous faire rester la bouche ouverte, avant de les lui enlever et de lui dire : “Restez ainsi pendant au moins 20 secondes, M. le Premier ministre, et tout ira bien.”
Mais très vite, la belle mimique s'effaça, et il retrouva son air habituel, avec son visage inquiet et ses sourcils froncés, semblable à celui que l'on voit chez quelqu'un qui se ronge les ongles et réalise qu'il a atteint les cuticules, n'ayant plus rien à manger que ses doigts ensanglantés. »
(Simon Hoggart, *The Guardian*, 28 novembre 2007.)

Le professeur de psychologie Dacher Keltner, déjà cité, est un expert des expressions du visage et il connaît parfaitement les muscles – il y en a plus de quarante – qui permettent aux humains de faire un sourire de charme, de suffisance ou d'apaisement. Appelé à commenter le vrai sourire, il fit un jour la réflexion suivante à propos de l'actrice Julia Roberts, dont l'immense sourire est considéré par beaucoup comme étant la clé de sa réussite : « Elle a un sourire merveilleux, mais il atteint rarement ses yeux lors de ses apparitions en public. »

Façon de dire gentiment que ce sourire n'est sans doute pas aussi vrai qu'il pourrait le sembler. Auquel cas la carrière fructueuse de la star aurait plus à voir avec ses talents de comédienne et d'autres atouts personnels qu'avec son sourire, si grand soit-il.

Keltner parle également d'une autre actrice célèbre :

« Le sourire d'Angelina Jolie, au contraire, ne se contente pas d'exister ; il est pétillant, accompagné en outre d'un léger penchement latéral de la tête, qui accentue l'impression de plaisir déjà associée au langage corporel émis par l'actrice. Elle a un sourire auquel nul ne peut résister. »

12. **LANGAGE DU CORPS** ET CONTACT VISUEL

Dans notre univers envahi par le monde digital, entre posts sur Twitter, mises à jour des pages Facebook et alertes sur le calendrier du smartphone, on peut se demander si le langage du corps et le contact visuel ont encore leur place. La plupart des communications se font maintenant par Internet, le plus souvent réduites à quelques phrases laconiques, et on a de plus en plus rarement l'impression que les gens accordent une réelle attention à autrui.
Les gens ont pourtant besoin de se trouver face à face pour mieux communiquer. Si le temps qui vous est imparti pour avoir un bon impact sur autrui est limité, il vaut mieux que vous soyez capable d'exceller quand vous en avez l'occasion. Le langage corporel et le contact visuel, certes, font toujours partie de ce qui contribue au charisme. Encore faut-il savoir ce qui les transforme à votre avantage.

LA COMMUNICATION NON-VERBALE : DÉCISIVE OU PAS ?

Si vous avez appris à faire du vélo, vous vous rappelez sûrement qu'il fallut plusieurs tentatives – et pas mal de chutes – pour maîtriser cette technique. Sans doute vous souvenez-vous aussi que les conseils vociférés avec enthousiasme par l'adulte présent ne faisaient pas grand-chose pour vous aider ! C'est tout à fait comparable à ce qui se passe quand on cherche à augmenter son charisme en apprenant à mieux se servir du langage du corps et du contact visuel. Pourquoi ? Parce que les conseils pratiques que l'on pourrait vous donner – il en existe des listes entières – ne vous seraient pas beaucoup plus utiles que les instructions de votre père pour vous apprendre à faire du vélo. La route la plus sûre vers la réussite, incontestablement, est celle qui vous permet d'expérimenter par vous-même les différentes approches. C'est le seul moyen de savoir si, oui ou non, cette méthode servira à libérer ou à entraver votre charisme.

Faire des essais, en commettant parfois des erreurs, est d'autant plus pertinent qu'en matière de comportement charismatique, réussir à définir le bon équilibre entre le verbal et le non-verbal fait encore l'objet de débats.
Dans le domaine de la psychologie grand public ou de la publicité, on trouve ici ou là des articles affirmant avec véhémence que la communication non verbale est l'élément essentiel du charisme. Par exemple, le modèle de communication prôné par le professeur Albert Mehrabian, modèle souvent cité mais de plus en plus controversé, est basé sur le fait que les mots ne joueraient qu'une part minime (7 %) dans la communication verbale, alors que les mouvements du visage et la façon de dire les mots (tonalité de la voix) représenteraient les 93 % restants.
D'autres savants, comme le professeur Howard Friedman,

professeur de psychologie à l'université de Californie, auraient tendance à penser, d'après les travaux de recherche effectués,

que ce sont des indices non verbaux, tels que les expressions du visage, la gestuelle et les mouvements du corps, qui influencent et expriment la force charismatique d'un individu. Par exemple, les leaders ayant du charisme ont un **sourire spontané, agrémenté de ces petits plis autour des yeux** dont nous avons déjà parlé, lequel touche droit au cœur ceux avec qui ils sont en train de parler. Toutefois, de telles conclusions restent sujettes à controverse.

L'art oratoire : fondement du charisme

Est-il vrai que les mots comptent si peu, en particulier dans le domaine du charisme ?
Après tout, certains individus parmi les plus charismatiques étaient de véritables maîtres en matière d'élaboration verbale, ce qui leur permettait de captiver l'auditoire.
De Gaulle, Churchill, Kennedy ou Martin Luther King, par exemple, tous ont usé de phrases courtes qui continuent à résonner profondément en nous bien longtemps après leur disparition.
Churchill, en particulier, ne pouvait compter ni sur son physique ni sur son sex-appeal pour attirer l'attention : sa personnalité irrésistible lui venait essentiellement du pouvoir de sa parole.
Le fameux discours qu'il prononça le 13 mai 1940 à la Chambre des communes (*Blood, toil, tears, and sweat* : « Du sang, de la sueur et des larmes »), d'une manière absolument envoûtante, est considéré dans le monde entier comme ayant joué un rôle majeur dans la mobilisation de la Grande-Bretagne pour résister à l'offensive nazie.

Ce que vous dites compte moins que la façon dont vous le dites.

Autrement dit, la manière dont vous bougez et les moyens de communication verbale que vous utilisez sont souvent plus convaincants pour l'affirmation de votre charisme que le fait de parler très distinctement.

LES SECRETS DU LANGAGE DU CORPS

Notre corps peut « parler » de façon aussi éloquente que les mots que nous prononçons. Pour certains experts en communication, dont l'avis sonne juste, le corps ne peut pas mentir. En effet, il est presque impossible de contrôler ou d'éliminer les signes qui témoignent de ce que vous pensez ou ressentez. Nous faisons tous inconsciemment des mouvements et des gestes qui produisent un effet particulier, lequel est parfois l'inverse de celui que nous recherchions. Même de tous petits mouvements sont capables de résultats imprévisibles.

Les consultants et les coachs individuels, spécialisés dans l'amélioration du charisme, entendent souvent leurs clients s'interroger sur les moyens de contrôler leur expression corporelle, ou, a minima, de mieux en comprendre les ressorts. En l'occurrence, beaucoup s'inquiètent de la façon dont ils doivent se servir de leurs mains.
Où faut-il les mettre, quels gestes faut-il faire, ou pas, comment utiliser les mouvements de ses bras et de ses mains avec plus d'efficacité ?

Parmi ceux qui cherchent ainsi de l'aide, il y en a même qui racontent avoir reçu des « règles », comme ne pas faire de geste ayant une amplitude supérieure à celle du corps, ne jamais s'asseoir lors d'une présentation, mettre ses mains derrière son dos si on ne sait pas quoi en faire, etc.
Dans nos séminaires, au lieu de proposer des règles strictes, nous avons l'habitude de commencer par inviter les participants à nous parler des sujets qui leur tiennent vraiment à cœur. En l'espace de quelques minutes, presque toujours, nous les trouvons en train de bavarder avec animation, s'exprimant de façon convaincante, que ce soit de façon visible ou audible, sans se poser la moindre question sur ce qu'il faut faire de leurs mains, de leurs yeux ou de leur corps. Ils se contentent simplement d'être eux-mêmes.
Que s'est-il donc passé entretemps ? Enthousiaste à l'idée de parler de ce qui l'intéresse vraiment, la personne a concentré toute son attention sur l'auditoire, au lieu de se préoccuper d'elle-même. Il s'agit là du « secret » – pas si confidentiel que ça, d'ailleurs – sur la façon de maîtriser efficacement son expression corporelle.

Quand vous cessez de vous préoccuper de ce à quoi vous ressemblez, vous laissez tout simplement votre corps s'exprimer de la bonne façon.

Quelle que soit l'importance exacte du langage du corps, il est certain que celui-ci peut avoir des répercussions sur votre charisme. Si, par exemple, votre langage corporel ne colle pas avec les mots que vous prononcez, alors vous perdez votre temps à essayer d'avoir de l'impact. De la même façon, opter au mauvais moment pour des attitudes corporelles positives, telles qu'acquiescer de la tête ou se pencher légèrement en avant, peut amoindrir votre charisme.

Des attitudes corporelles à proscrire

- Interrompre quelqu'un avant la fin de son histoire.
- Exprimer votre complet désaccord pendant que vous écoutez quelqu'un, en hochant la tête ou en vous montrant sarcastique.

- **Vous pencher en arrière de façon exagérée en croisant les bras derrière la tête.**
- Crayonner, utiliser votre ordinateur portable, tripoter votre téléphone mobile pendant que d'autres parlent ou font leur présentation.
- **Croiser vos bras devant votre poitrine.**
- Se vautrer dans votre chaise, et, pire encore, le faire avec une jambe par-dessus l'un des accoudoirs.

- Bâiller pendant que vous parlez ou que vous écoutez quelqu'un.
- Arracher des petites peaux autour de vos ongles ou sur vos lèvres ; chercher des peluches imaginaires sur vos vêtements.
- Tapoter impatiemment sur la table ou la chaise avec vos doigts.
- Regarder fixement une personne sans avoir l'air de la voir et sans cligner des yeux.
- Envahir la bulle de sécurité de quelqu'un sans y être invité (attention, la dimension de cette « bulle » est très variable d'une culture à l'autre).

- Vous ronger les ongles ou les couper avec vos dents.
- Mâchonner un stylo ou un crayon pendant que vous parlez à quelqu'un.
- Essuyez vos mains sur vos vêtements – il faut utiliser un mouchoir en papier ou en tissu.

Votre posture en dit beaucoup sur vous

Il y a un passage tout à fait réjouissant dans le premier *Superman* avec Christopher Reeves : c'est celui où il cesse d'être le gentil Clark Kent pour se transformer en Superman. Dans ce film sans trucage digital, Reeves « grandit » véritablement, et de façon visible. Il commence par enlever ses lunettes, puis relève la tête, tout en se levant de son siège pour se tenir bien droit, projetant sa poitrine en avant et rejetant ses puissantes épaules en arrière.

> Redressée, votre posture vous donne un air de confiance et d'assurance.

Se tenir debout

Quand vous êtes debout, ne vous contentez pas de vous tenir droit ; vérifiez que vos épaules ne sont pas affaissées, et, surtout, essayez d'imaginer une corde invisible qui viendrait du plafond et tirerait le sommet de votre tête vers le haut.

- **Pour « programmer » votre corps à se tenir plus droit,** essayez de marcher chez vous pendant une dizaine de minutes avec un livre posé en équilibre sur la tête. Faites-le tous les jours pendant une semaine et vous sentirez la différence entre votre posture antérieure et la posture fièrement redressée que vous avez maintenant. Cet exercice, au demeurant très classique, pourra vous sembler bizarre et même donner l'impression que vous vous comportez de façon maladroite et pompeuse, voire arrogante. Mais, progressivement, cela vous aidera à vous tenir plus droit et vous le ferez tout naturellement.

- **L'attitude qui consiste à garder le dos voûté** peut vous sembler plus confortable, mais elle suggère à ceux qui vous regardent que vous êtes replié sur vous-même et que votre mental n'est pas au top…

- **Une attitude penchée a une signification beaucoup plus directe.** Par exemple, si vous vous appuyez sur une chaise ou une table quand vous êtes debout, cela peut faire penser que vous êtes fatigué ou flemmard.

Au contraire, vous pencher légèrement en avant quand vous êtes assis indique généralement que vous êtes très attentif à ce qu'une personne vous dit.

Pencher votre chaise en arrière, de façon à ce qu'elle repose seulement sur ses deux pieds arrière, fait partie des postures qui ont un double sens. Si elle peut parfaitement indiquer une attitude de confiance, elle peut tout aussi bien vous faire passer pour quelqu'un qui manque de respect envers autrui. Sans parler du fait que vous courez le risque de vous ridiculiser si votre chaise se renverse accidentellement !

Si vous êtes pleinement impliqué dans ce qui se joue avec votre auditoire, vous aurez beaucoup moins tendance à adopter des attitudes risquant de distraire ceux qui vous écoutent, telles que remuer les jambes de façon spasmodique, dessiner au sol avec vos pieds ou marcher de long en large. Lors de conversations en tête à tête, le fait de vous concentrer vraiment sur votre interlocuteur vous évitera d'être tenté de vous éloigner alors qu'il vous parle, ou de faire preuve d'un manque d'intérêt évident.

Petit décodeur du langage du corps

- **Pencher votre tête d'un côté pendant une conversation,** tout en regardant intensément l'autre personne.
  « Je suis vraiment intéressé par ce que vous dites et j'y réfléchis sérieusement. »

- Respirer de façon saccadée, en faisant des inspirations profondes et brèves.
  « Là, en ce moment, je suis nerveux. »
- **Hocher la tête en souriant** tandis que quelqu'un vous parle.
  « Comme vous pouvez le voir, je suis tout ouïe. »

- **Marcher en faisant des enjambées régulières.** Regarder droit devant soi, à plus ou moins courte distance.
  « Je suis calme et j'ai confiance en moi. »

- **Garder les mains dans ses poches ou les bras repliés autour de soi.**
  « Ce que vous dites ne m'intéresse pas vraiment, et je suis sur la défensive. »

- **Adopter une attitude corporelle ouverte,** les paumes tournées vers le haut.
« Je suis quelqu'un d'honnête et droit. »

- **Se caresser lentement le menton de façon délibérée.**
« J'envisage de prendre une décision et suis en train de réfléchir aux différentes options. »

- Entrecroiser vos doigts en faisant un V inversé, tout en ayant l'air concentré.
« Je suis réceptif à votre discours et je suis sûr de moi. »

- Faire un « vrai » sourire, celui qui vient du cœur.
« Je vous apprécie et j'apprécie ce que vous me dites. »

- Enlever votre cravate et votre veste et défaire le premier bouton de votre chemise.
« Je me sens bien ici. »

- Remonter vos manches ou les baisser, en fonction des circonstances.
« Mettons-nous au boulot ! »

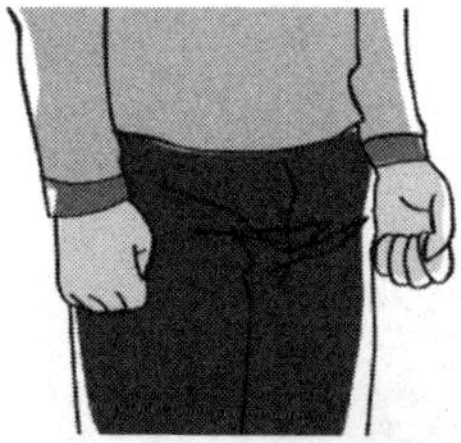

- **Serrer les poings.**
« Je suis furieux, probablement contre vous, faites attention ! »

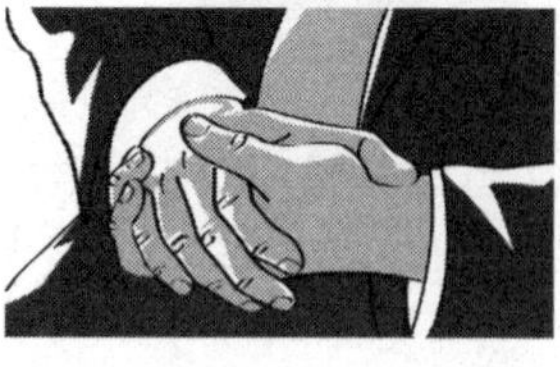

- **Frotter ses mains l'une contre l'autre ou les tordre.**
« Je ne sais vraiment pas quoi faire. Je ne me sens pas sûr de moi. »

• **Vous gratter la tête.**
« Je suis étonné et incertain. »

• Se toucher le nez, se tripoter les cheveux, se frotter les yeux, se caresser le menton, alors qu'on vous demande de répondre honnêtement.
« Je suis probablement en train de mentir ou, en tout cas, pas vraiment honnête. »

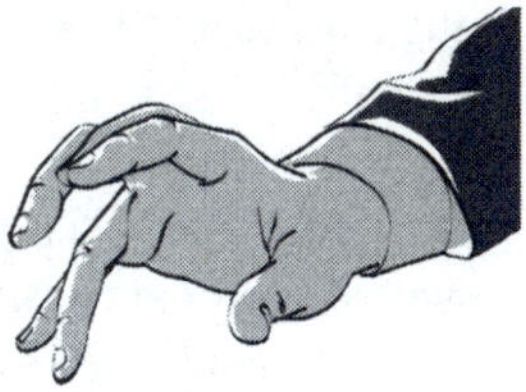

• **Pianoter sur la table** ou l'accoudoir du fauteuil avec vos doigts.
« Ce qui se passe m'agace ou me rend nerveux. »

Le sens de la poignée de main

Le président John F. Kennedy donnait tellement d'importance à son style qu'avant de commencer une campagne électorale, il décida de financer un groupe d'experts pour étudier quelle était la poignée de main la plus efficace.
Kennedy était conscient qu'en touchant la main d'un autre être humain, on accède à une grande quantité d'informations sur lui et qu'en même temps, on lui transmet beaucoup de choses sur soi-même, de façon instantanée. Une poignée de main peut donc jouer d'emblée un rôle important, que ce soit pour renforcer ou pour affaiblir votre charisme.

Selon certains experts en communication, **une poignée de main peut correspondre à trois messages simples :**
• Cette personne cherche à me dominer.
• Je peux dominer cette personne
• Je me sens à l'aise avec cette personne.

Une poignée de main molle – elle est malheureusement souvent utilisée par les femmes – peut être extrêmement pénalisante pour son image, dans la mesure où le message qu'elle transmet est celui d'une personne qui manque de confiance en elle et a une faible estime de soi.
Les deux formes extrêmes de la poignée de main – celle qui broie et celle qui est trop molle – ont l'une et l'autre un effet négatif sur votre charisme. Sachez qu'il n'est pas impossible que vous soyez affecté d'une de ces malencontreuses poignées de main.

Tout comme pour la mauvaise haleine, le meilleur moyen d'en avoir le cœur net consiste à vous adresser à l'un de vos amis proches pour lui demander son avis.

Certaines études montrent également que les personnes à caractère dominant ont tendance à tourner leur paume vers le bas au moment d'une poignée de main, alors que les personnes d'un naturel plus soumis la tournent en général vers le haut. Vous devez donc vous entraîner à avoir une poignée de main ferme et directe en gardant votre paume en position verticale et en la bougeant de haut en bas.

CHARISME ET COURTOISIE

Si vous regardez bien les êtres qui ont un vrai charisme, vous verrez combien la combinaison de leurs gestes et de leurs mouvements, y compris les plus minimes, semble produire un impact majeur sur leur entourage. Une extrême courtoisie, par exemple, fait parfois une forte impression sur l'esprit de ceux à qui elle s'adresse.

Quelques règles élémentaires

• Ouvrez la porte et tenez-la ouverte afin de faire passer les autres personnes avant vous. Seuls les individus qui cherchent à développer leur charisme pour des raisons purement narcissiques bousculent les autres pour passer en premier, comme si le monde leur appartenait.

• Si vous avez besoin de tousser ou d'éternuer, ne le faites jamais dans la figure de ceux qui sont autour de vous. Servez-vous d'un mouchoir, en papier ou en tissu. (Attention ! Au Japon, il est tout simplement interdit d'éternuer en public.)

• Quand vous serrez la main de quelqu'un, faites-le brièvement, à moins que ce ne soit une personne que vous connaissez très bien.

• Le fait de passer la main dans les cheveux de quelqu'un peut vous sembler être un geste d'affection, mais si vous le faites dans un environnement un peu formel, cela peut passer pour un geste condescendant.

• Au téléphone, contrôlez le volume de votre voix, parlez calmement et évitez de crier.

• Si vous faites partie d'un groupe important de personnes, mêlez-vous aux autres au lieu de rester isolé dans un coin de la pièce avec votre téléphone mobile ; évitez les coups de fil personnels en public et passez-les quand vous êtes seul.

• Lorsque vous êtes en cours de discussion avec quelqu'un, refusez de répondre au téléphone.

• Même si vous êtes très en colère, évitez de claquer les portes. Fermez-les calmement et sans bruit.

ENTRAÎNEZ-VOUS, PRÉPAREZ-VOUS

Le charisme demande de l'énergie et vous pourriez avoir besoin de réveiller votre organisme si vous voulez vraiment faire impression sur autrui. Avant une représentation importante, les acteurs passent au moins une heure à se préparer physiquement. Ils prennent le temps de se détendre afin de mieux communiquer. Il serait bon que vous fassiez de même chaque fois que vous avez l'intention d'avoir une influence significative sur les autres.

Pour que les exercices de relaxation physique soient vraiment efficaces, il faut que vous fassiez des mouvements adaptés avec chacune des parties de votre corps, afin d'éliminer les tensions musculaires.
Il faut le faire en fermant les yeux et en se concentrant sur chaque zone du corps pour trouver les tensions musculaires ; en même temps, vous devez respirer lentement et profondément, en inspirant et en expirant à tour de rôle, tout en commandant à cette zone spécifique de lâcher prise et de se relaxer.

De la même façon, vous pouvez faire des exercices vocaux dans le but de détendre votre gorge et vos cordes vocales. Par exemple, pour relâcher les muscles de la parole, vous pouvez fredonner ou faire des sons simples – ooh, aah –, ou encore dire à voix haute des phrases difficiles à prononcer comme « les chaussettes de l'archiduchesse sont-elles sèches ou archi sèches ? ».

Ces exercices physiques, qui échauffent à la fois votre esprit et votre corps, votre respiration et votre voix, vous permettront de vous sentir prêt à utiliser tout votre potentiel charismatique.

CONTACT VISUEL

Le contact visuel, le sourire et les autres messages non verbaux se combinent entre eux pour créer votre charisme. Comme le sourire, le contact visuel s'avère un moyen extrêmement efficace de se connecter aux autres, d'établir des rapports avec autrui et de créer votre alchimie personnelle. Le contact visuel est un moyen simple de faire passer le message suivant : « Je veux interagir avec vous. »

L'un des avantages du contact visuel, c'est qu'il permet de réduire certaines tensions pouvant surgir lors d'une conversation, grâce à l'autorité ou au respect qu'il permet de faire passer. Car, si les yeux sont souvent considérés comme les fenêtres de l'âme, la communication passe en réalité par les divers muscles qui les entourent. (Voir le chapitre précédent.)

Dans certaines cultures, le contact visuel exprime parfois ce qui ne peut être dit verbalement.

Par exemple, il peut arriver à quelqu'un qui travaille pour une société asiatique d'être amené à demander : « Êtes vous satisfait de mon travail ? », et qu'il lui soit répondu : « Oh oui, tout à fait ! » Mais cette réponse est parfois fournie avec un air triste, lequel contredit totalement les mots prononcés. Si vous n'avez pas fait attention au regard, c'est le sens entier de la phrase qui vous échappera.

L'amélioration de votre charisme exige peut-être que vous accordiez plus d'attention que vous ne le faites au contact visuel. Pour cela, faites l'exercice suivant :

BILAN DE SANTÉ DE VOTRE CONTACT VISUEL

	Pour chacune des propositions suivantes, dites si vous êtes :	D'accord	Pas d'accord
1	Quand je suis avec quelqu'un, je maintiens rarement longtemps le contact visuel avec lui.		
2	Au travail, il n'y a pas de raisons d'établir trop de contacts visuels.		
3	Je me sens gêné si des supérieurs hiérarchiques établissent avec moi un contact visuel.		
4	Quand je parle avec quelqu'un, j'ai spontanément tendance à regarder ailleurs pour voir ce qui se passe dans la pièce.		
5	Je me sens mal à l'aise si quelqu'un que je ne connais pas cherche à établir avec moi un contact visuel.		
6	Le contact visuel m'inquiète, on ne sait jamais où ça peut mener.		
7	Je dois faire un effort tout particulier pour établir le contact visuel avec les gens qui sont autour de moi. **Si vous êtes d'accord avec l'une de ces propositions, quelle qu'elle soit, cela veut dire que vous n'utilisez pas au mieux votre potentiel charismatique.**		

Si l'établissement d'un contact visuel avec autrui est une action qui vous est familière, le processus lui-même consiste en plusieurs phases. Chacune influence l'autre, au moment même où elle se produit et avant de laisser place à la suivante.

- Contact
- Maintien du contact
- Rupture du contact
- Retour et reprise

Le contact visuel

C'est un moment très bref : celui où les yeux se rencontrent. Il peut se produire entre deux personnes qui se trouvent chacune aux extrémités d'une pièce très peuplée, ou qui sont très proches l'une de l'autre. Habituellement, ce contact se crée sans que l'on fasse le moindre effort conscient pour l'établir. Les êtres charismatiques se débrouillent souvent pour en faire un moment unique dont l'autre se rappellera par la suite. L'expérience peut s'avérer tellement marquante qu'en en parlant ultérieurement, les gens la décriront comme une expérience mystique ou un instant qui les a transformés.

Qu'est-ce qui rend ce moment si magique, au juste ?

C'est qu'il prend sa source, en partie, dans l'extrême concentration que l'individu charismatique dévoue à cet instant particulier. Les êtres dotés d'un grand charisme y mettent tellement du leur qu'ils transforment le simple contact des yeux en une expérience sortant de l'ordinaire. Leur regard se dirige vers vous avec une telle intensité qu'il donne le sentiment que vous êtes les deux seules personnes dans la pièce.

Le contact initial peut être tellement puissant que certaines personnes, en le recevant, semblent complètement hypnotisées. Comme le disait quelqu'un qui a longuement étudié Bill Clinton : « Ce qui est frappant, chez lui, ce n'est pas seulement sa capacité à séduire les femmes. C'est sa capacité à séduire tout le monde. »

Le premier message qu'une personne très charismatique semble adresser à l'autre par le contact visuel, c'est : « Je vous vois, je vous connais et je veux entrer en relation avec vous. » Dans certains cas, d'ailleurs, le message non verbal est encore bien plus limpide. Il dit « Je vous aime », tout simplement...

Quand vos intentions sont extrêmement fortes, elles animent votre regard et votre capacité à établir un contact visuel devient alors incroyablement puissante. C'est exactement comme si vos yeux parlaient directement à l'autre personne, sans qu'aucun mot ne soit nécessaire. (Voir le chapitre 2.)

Quelquefois, **le premier contact entre deux regards est associé à un geste physique** relevant du toucher, comme une poignée de main, une légère tape sur l'épaule ou le fait de tenir le bras. Ces gestes-là peuvent apporter une touche supplémentaire d'intimité à une première rencontre.

Les gens influents excellent à maintenir un contact visuel.

Ils parviennent à le soutenir très longtemps, en le combinant souvent à une façon subtile d'utiliser l'espace qui leur est dédié. Par exemple, ils feront en sorte de se rapprocher physiquement de la personne avec qui le contact visuel s'est établi, mais sans excès, ce qui pourrait apparaître non plus comme une attitude amicale mais comme une attitude menaçante.

Les individus charismatiques sont très attentifs lorsqu'il s'agit de maintenir le contact visuel. Ils ne se laissent distraire par rien d'autre. Ils résistent avec acharnement à tout ce qui pourrait interrompre le contact, comme la tentation de regarder par-dessus l'épaule de leur interlocuteur pour voir s'il s'y passe quelque chose de plus intéressant.

Durant cette phase majeure du contact visuel, les messages non verbaux adressés à l'autre, très positifs, sont en général des messages basiques, mais sans équivoque :

- « Je vous apprécie. »
- « À cet instant, j'ai envie d'être avec vous et avec personne d'autre. »
- « Je m'intéresse vraiment à vous. »
- « Vous êtes quelqu'un d'intéressant. »
- « Ce que vous dites est important. »
- « Vous êtes important à mes yeux. »
- « Je suis d'accord avec vous. »
- « Dites m'en davantage. »

Quelques précautions s'imposent

Bien que le maintien du contact visuel fasse intégralement partie de ce qui crée le charisme, méfiez-vous des formules toutes prêtes disant qu'« il faut maintenir le contact visuel pendant au moins 45 secondes ».
Un contact visuel excessif peut être aussi contre-productif que s'il est insuffisant. Regarder quelqu'un de manière continue et sans cligner les paupières peut s'avérer déconcertant pour l'autre, voire inquiétant.

Il vaut mieux éviter de fixer son interlocuteur. Vous pouvez jeter un coup d'œil dans une autre direction pour regarder un document ou des notes, par exemple, vous pouvez aussi admirer brièvement la coiffure et la tenue de la personne d'à côté, ou encore écrire une ou deux lignes sur votre bloc-notes.

Soyez bien conscient de l'importance des facteurs culturels dans le domaine du contact visuel. Alors que les Occidentaux considèrent en général que le maintien du contact visuel est attirant, celui-ci peut paraître un manque de respect dans certains pays d'Asie.

Rompre le contact visuel

Les gens charismatiques intègrent volontairement la rupture du contact visuel dans le processus global de l'adieu. Autrement dit, ils ne commettent pas l'erreur de mettre fin au contact des regards sans raison apparente.
Au contraire, ils choisissent ce moment pour faire passer des signes verbaux et non verbaux exprimant le regret qu'ils éprouvent de devoir s'interrompre. La fin d'une rencontre devient donc un événement signifiant et non un événement banal. Il peut leur arriver, par exemple, de faire un dernier sourire ou un geste du menton pour indiquer qu'il est temps de rompre le contact. Il peut leur arriver, également, de lancer un léger coup d'œil alentour afin de vous faire comprendre que le moment est venu de se quitter.

Quand vous saurez établir un contact visuel de bonne qualité, ne laissez pas s'amoindrir votre charisme en décidant d'y mettre fin sans respecter cette façon de vous y prendre.

Réactivation du contact visuel

Pour certains, il s'agit là du secret que possèdent les individus ayant un charisme extrême, comme Bill Clinton et Steve Jobs. On en a même fait une entité à laquelle on a donné le nom pseudo-scientifique de « champ de distorsion de la réalité ».

Voyons comment cela fonctionne. Après avoir mis fin au contact visuel avec quelqu'un, et être passé à autre chose, l'individu charismatique regarde à nouveau, et délibérément, la personne avec qui il était en contact peu auparavant. Il scelle ainsi entre eux, grâce à ce contact renouvelé, une sorte de lien personnel.

> Cette reprise de contact visuel, accompagnée d'indices non verbaux, envoie un message séduisant, bien que non verbalisé, qui signifie : « J'ai vraiment apprécié de parler avec vous », « Vous me manquez déjà »...

« J'espère vous revoir », « Je vous recontacterai »,
« Ne m'oubliez pas », etc.
Bien utiliser cette technique de réactivation exige de la pratiquer souvent, le plus difficile étant de vous souvenir de son importance et de vous en servir, alors que vous aurez déjà commencé à porter votre attention sur quelqu'un d'autre.

EXERCICE

Contact visuel

1. Chaque jour, pendant une semaine, exercez-vous à établir un contact visuel avec des gens que vous ne connaissez pas. Regardez toute personne qui vient vers vous et notez la couleur de ses yeux. Ne prenez pas plus d'une seconde pour le faire, puis regardez ailleurs. Personne n'y prêtera attention et vous vous sentirez de plus en plus à l'aise en le faisant.

2. Pratiquez un contact visuel plus long avec les serveurs, les vendeurs de magasin et autres personnels de service, tout en maintenant un visage neutre. À faire pendant une semaine au moins.
3. Quand vous avez l'occasion d'être au milieu d'un groupe, intéressez-vous seulement à l'une des personnes présentes, pendant un temps suffisamment long, de manière à ce qu'elle vous sourie ou vous rende votre attention. Ne vous inquiétez pas si cette dernière ne semble pas renvoyer le message que vous attendiez, ou si elle regarde quelqu'un d'autre derrière vous.
4. Après avoir établi un bon contact visuel avec quelqu'un, entraînez-vous à vous pencher légèrement en arrière et à baisser le ton votre voix. Notez l'effet que cela produit sur l'autre personne.
5. Pendant que vous pratiquez un contact visuel prolongé avec quelqu'un, tournez-vous légèrement sur le côté et, sans être strictement en face de la personne, trouvez le moyen de la toucher ou de lui donner une petite tape sur le bras, l'épaule ou le dos.
6. Pendant que vous parlez avec quelqu'un avec qui vous avez établi un contact visuel, répétez-vous mentalement la phrase suivante : « Je suis vraiment intéressé par ce que vous avez à me dire. Vous êtes quelqu'un de fascinant et je pourrais parler avec vous pendant toute une journée. » Remarquez à quel point ce procédé modifie non seulement votre capacité à établir le contact visuel, mais également tout le reste de votre langage corporel.
7. Lors d'une discussion avec quelqu'un, entraînez-vous à noter les moments où votre esprit commence à dériver ; que ce soit vers la conversation voisine, l'horaire de train pour rentrer chez vous ou quelque chose qui a eu lieu au bureau pendant la journée, etc.

Concentrez votre attention sur la personne à qui vous êtes en train de parler, et, chaque fois que votre esprit dérive, ramenez-le vers votre interlocuteur.

FAITES COÏNCIDER VOS MOTS ET VOS GESTES

En matière de langage corporel et de contact visuel, si les individus charismatiques ont un secret, c'est bien celui d'être capables de faire coïncider leurs mots avec leurs gestes.

Dans ce domaine, celui du langage corporel et du contact visuel, on fait parfois exactement ce qu'il faut tout en se retrouvant complètement à côté de la plaque. En effet, c'est seulement lorsque votre communication non verbale et les mots que vous prononcez s'accordent parfaitement que le résultat final peut être impressionnant. Votre charisme provenant de l'intérieur de vous-même, il faut laisser vos sentiments animer les mouvements de votre corps, et non l'inverse.

C'est en faisant confiance à vos sentiments que vous pourrez faire confiance au langage de votre corps.

Soyez attentifs à la dynamique gestuelle des gens dont vous admirez la présence. Ont-ils des gestes fluides, ou brusques ? Leurs gestes commencent-ils lentement, gagnant progressivement en amplitude pour se terminer brutalement ? Où démarrent-ils rapidement pour se terminer progressivement, au contraire ? Quelle est la complémentarité entre leurs mouvements et leurs dires ?

Quand votre corps et vos paroles sont synchrones, votre confiance en vous est plus grande et votre impact sur autrui est meilleur.

En instaurant une libre circulation entre les mouvements de votre corps et vos paroles, il vous sera plus facile d'arriver à convaincre les autres et vous pourrez mieux assumer les multiples interactions entre humains qui se produisent à chaque instant.

13. **LEADERSHIP** ET **CHARISME**

Pour devenir habile en quelque profession que ce soit, il faut le concours de la nature, de l'étude et de l'exercice.

Aristote

Êtes-vous un leader charismatique ? Si ce n'est pas le cas, pensez-vous que cela a de l'importance et que vous devez changer ? Parce qu'il est communément admis de nos jours que les leaders doivent être charismatiques, de nombreux dirigeants, en particulier ceux qui sont à la tête de grandes entreprises, cherchent maintenant de l'aide auprès de coaches individuels et de conseillers spécialisés.

Si vous êtes capable d'inspirer les autres et de leur donner une vision motivante du futur, vous avez sans doute les qualités requises pour être un dirigeant de haut niveau. Pour vous, les lettres du sigle CEO (pour Chief Executive Officer, « PDG » en français) sont peut-être aussi les initiales des adjectifs « Charismatique », « Énergique » et « Ouvert ». Il existe en effet des leaders qui appartiennent à cette catégorie d'individus, comme Richard Branson, PDG de Virgin, Steve Jobs qui dirigeait Apple ou Stuart Rose, PDG de Marks & Spencer.

Larry Ellison, cofondateur de la société Oracle Corporation en 1977, représente aujourd'hui la cinquième fortune mondiale. Son charisme particulièrement convaincant, reconnu bien au-delà de sa sphère professionnelle, a été résumé ainsi par l'un de ses proches collaborateurs : « La seule différence entre Dieu et Larry Ellison, c'est que Dieu ne se prend pas pour Larry »

ATTENTION À L'EGO DES LEADERS CHARISMATIQUES

Si certains leaders charismatiques sont capables de faire une forte impression, ils peuvent aussi être totalement dépendants de leur ego et tellement narcissiques qu'ils atteignent parfois leurs buts au détriment d'autrui.

Robert Maxwell, le magnat de la presse britannique, en est un exemple bien connu. Son leadership s'appuyait sur une forme de charisme difficile à supporter pour autrui. Capable d'un certain charme, mais véritable tyran, il essayait d'intimider et de dominer tous ceux qu'il rencontrait, ne tenant aucun compte du prix que les autres payaient à cause de lui.

D'après les recherches effectuées sur ce sujet, de nombreux éléments prouvent qu'il est possible d'être un leader couronné de succès sans avoir nécessairement beaucoup de charisme. Malgré cela, globalement, on attend toujours des patrons qu'ils fassent preuve d'un charisme exceptionnel. Par exemple, quand il s'agit de choisir de nouveaux directeurs, les services de recrutement s'intéressent tout particulièrement aux candidats ayant un charisme prépondérant plutôt qu'à ceux ayant simplement obtenu de bons résultats dans leur carrière.

Toutefois, ceux qui trouvent logique de dépenser plus pour s'offrir un PDG charismatique devraient y réfléchir à deux fois. Plus une entreprise est performante, plus ses actionnaires pensent que cela est lié au fait d'avoir un patron charismatique. Une enquête de 2006 a d'ailleurs attiré l'attention sur le fait que les membres de conseils d'administration devraient se montrer plus prudents, et ne pas considérer obligatoirement qu'il leur faut choisir un leader charismatique s'ils veulent augmenter les bénéfices potentiels de l'entreprise. La même enquête conclut que le fait d'avoir un

PDG charismatique ne présage nullement de la performance future d'une entreprise.

L'ouvrage de Jim Collins, *De la performance à l'excellence* (2003), considéré comme une étude de référence dans ce domaine, ne plaide pas en faveur d'un leadership basé sur le charisme. Ses conclusions montrent que les dirigeants ayant les meilleurs résultats sont avant tout des êtres dont la principale caractéristique est la dualité, s'avérant à la fois modestes et volontaires, humbles et intrépides. Ces hommes-là ne cherchent pas particulièrement à devenir des héros invincibles, pas plus qu'ils ne souhaitent se retrouver sur un piédestal. « Ils ressemblent à des hommes ordinaires, qui aboutissent tranquillement à des résultats extraordinaires. On a plus envie de les comparer à des êtres comme Socrate ou Lincoln qu'à des hommes comme Patton ou César. »

Parlant de son expérience personnelle, Lady Anita Roddick, fondatrice de la chaîne de magasins de cosmétiques The Body Shop, a fait une remarque tout à fait similaire : « Vous n'avez nul besoin d'être charismatique. Il vous suffit de croire tellement fort en ce que vous faites que cela devient une réalité. »

PERSÉVÉRANCE ET CHARISME

Le terme de « charisme » fut inventé à la fin du XIXe siècle par le sociologue allemand Max Weber pour désigner une forme particulière de leadership que l'on pourrait qualifier d'« autorité inspirée ». Il continue à jouer un rôle majeur dans la représentation que l'on a des leaders et il y a d'ailleurs une logique certaine à cela. Qu'on le veuille ou non, les êtres humains sont dirigés par des besoins fondamentaux qui

prennent racine dans leur instinct de survie. Pour le dire plus simplement, nous avons tendance à rechercher les individus les plus forts et les plus puissants, ceux qui pourront nous protéger des tigres et autres prédateurs.

Charisme et hommes politiques

Dans la plupart des pays occidentaux, vous ne pouvez guère espérer réussir en politique si vous ne possédez pas une bonne dose de charisme. La défaite de Richard Nixon face à John Kennedy – c'est un fait bien connu – ne fut pas seulement causée par son physique ingrat, mais surtout par son manque de charisme. Complètement dépourvu d'humour, Nixon ne plaisantait jamais et n'avait aucune histoire amusante à raconter ; il ne disait ni ne faisait rien qui puisse provoquer l'émotion, sous quelque forme que ce soit. En revanche, si son charisme était presque inexistant, sa persévérance sans faille lui permit finalement de surmonter ce handicap. Les deux présidents Bush, père et fils, manquaient eux aussi de charisme et peinaient à convaincre les foules. Quel que soit ce qui leur a permis, à l'un comme à l'autre, de réussir à se faire élire, ce n'était vraisemblablement pas lié à la force de leur impact.

Dès lors, compte tenu du lien récurrent entre charisme et leadership, de quoi le fait d'être un leader charismatique relève-t-il ? Voici ce qu'en dit le gourou américain du leadership, Warren Bennis : « Le charisme est le résultat d'un leadership efficace et non le contraire. » Cette phrase implique que pour être un dirigeant efficace, il faut commencer par bien faire son métier.

De multiples études sur le sujet ont montré que les leaders charismatiques possèdent ce que l'on peut appeler de la présence : une présence d'esprit, une certaine qualité de regard, un aspect physique attrayant, de la confiance, de l'endurance, une capacité mentale importante à aller droit au but et un pouvoir particulier, celui de savoir susciter une

réponse d'ordre émotionnel chez leurs auditeurs.
Ce n'est pas tout ! La liste complète de leurs qualités semble interminable. Pourtant, quand bien même vous seriez capable d'acquérir toutes ces qualités, il n'est pas certain que vous passeriez pour un leader, *a fortiori* pour un leader charismatique.

> Selon le professeur de psychologie Howard Friedman, qui se dit capable de mesurer le charisme, tout se joue dans les indices non verbaux, c'est-à-dire les expressions du visage, les gestes et les mouvements corporels.

Les leaders charismatiques, en particulier, sourient avec naturel et n'hésitent pas à toucher leur interlocuteur pendant les échanges verbaux. (Voir également le chapitre 12.)

QULEQUES RÈGLES DE COMPORTEMENTS

À vouloir définir les nombreux attributs, traits de caractère et autres qualités qui permettent de devenir un leader charismatique, les chercheurs et autres professionnels du

comportement ont abouti à une liste tellement longue qu'elle ressemble à une véritable quête du Graal. En réalité, le seul moyen de construire votre leadership charismatique consiste à appliquer des règles spécifiques de comportement.

En fonction des connaissances actuelles, on peut dire que pour être un leader charismatique, vous devez être capable :

- **De faire preuve de passion,** d'énergie et de confiance, afin de capter l'attention des gens qui vous entourent.
- **De montrer que vous avez une vision de l'avenir** et des buts à poursuivre.
- **D'utiliser votre personnalité** et vos idées pour construire des relations.
- **D'employer des moyens de persuasion** hors du commun.
- **De faire preuve de talent** dans les négociations.
- **D'assumer vos responsabilités.**

Chacune de ces phrases correspond à des qualités que vous pouvez apprendre et développer grâce à un bon entraînement.

Passion, énergie et confiance

Les leaders charismatiques se servent de la passion qui les anime et de leur engagement personnel pour attirer l'attention des autres et atteindre leur cœur et leur esprit.

Passion

Lee Kuan Yew, le fondateur de Singapour, savait utiliser un mélange irrésistible de pure logique, d'émotion et de passion, pour rendre acceptable et même séduisante son autorité sans concession. Il exerçait un contrôle sévère à la fois sur ses partisans et ses non-partisans.

A contrario, Hosni Moubarak, ex-président de la République arabe d'Égypte, Fred Goodwin, ex-directeur de RBS (Royal Bank of Scotland), et Jeffrey Skilling, ex-PDG d'Enron, actuellement sous les verrous, ont tous trois utilisé leur passion de façon inappropriée et à des fins purement égoïstes. Il existe une frontière délicate à cerner entre démagogie et passion, surtout quand l'enthousiasme et l'engagement qui animent cette dernière vous emportent, vous-même et ceux qui vous suivent.

Chez Maynard Leigh, où cela fait plus de vingt ans que nous aidons des leaders à développer leurs qualités, nous n'avons que très rarement rencontré un leader ayant beaucoup de réussite et faisant preuve d'une passion excessive. Certains, peu nombreux, souffrent d'un tel manque d'enthousiasme qu'ils en arrivent à accabler les autres et à se les mettre à dos. Ce que nous avons le plus de chances de rencontrer, très clairement, c'est une absence de passion.

Parmi ceux qui sont tout en haut de l'échelle, en particulier dans les grandes organisations, beaucoup semblent sujets à une perte d'enthousiasme et d'entrain pour ce qu'ils font. En d'autres termes, le travail finit parfois par perdre le sens qu'il avait au départ à leurs yeux.

Cependant, excellente nouvelle, il nous est très difficile d'abandonner ce qui nous passionne. Même s'il lui arrive de se ternir à la longue, l'objet de notre passion est toujours présent et il suffit de rallumer la mèche pour que nos yeux recommencent à briller, que notre corps se redresse, que l'attention à ce qui nous entoure se réveille et que notre besoin relationnel avec les autres s'amplifie.

En ce qui vous concerne, comment décririez-vous votre passion ? Est-elle en train de déborder ? Avez-vous soif de dire aux autres ce que vous ressentez à propos des sujets qui vous animent ? Êtes-vous démangé par l'envie de faire partager aux autres votre vision du futur ?

EXERCICE

Passion

1. Faites la liste de ce qui vous inspire et vous excite, de ce qui réveille votre énergie et vous fait vous sentir plus vivant. Prenez votre temps, et persistez jusqu'à l'obtention d'au moins une réponse.
2. Identifiez, au sein de votre liste, ce qui a vraiment de l'importance dans le cadre de votre rôle actuel de leader.
3. Décrivez maintenant votre passion en utilisant une métaphore, une histoire ou une analogie. Débrouillez-vous pour que votre façon de la décrire soit suffisamment vivante pour que quelqu'un que vous viendriez de rencontrer puisse se la représenter immédiatement et facilement.
4. Trouvez ensuite trois personnes, en dehors de votre cercle proche de connaissances, et demandez-leur ce qui les inspire, et pourquoi. Notez la manière dont elles en parlent et à quoi elles ressemblent quand elles le font.
5. Essayez maintenant de résumer votre passion en un seul paragraphe, assez court, et imaginez-vous en train de l'expliquer, comme dans une vidéo. Que voyez-vous ? Est-ce que vous apparaissez comme quelqu'un d'enthousiaste quand on vous regarde et vous écoute ? À quel point cette personne que vous êtes en train de « regarder » vous paraît-elle authentique ?
6. Cette semaine, proposez à ceux qui dépendent de vous de vous parler de leurs rêves, c'est-à-dire de ce qui les inspire. Quelle comparaison pouvez-vous établir avec vous-même ?

7. Pendant le mois qui vient, faites chaque jour quelque chose qui vous permet de communiquer aux autres cette passion relative à votre leadership, sans en faire une leçon de morale ni un cours théorique.

Énergie

Votre entourage vous verra plus facilement comme un leader charismatique si, en cherchant à lui faire partager votre passion, vous faites preuve d'une importante énergie personnelle. Certains experts considèrent même que le facteur énergie est la raison principale qui pousse à sélectionner tel ou tel leader. Tom Peters, consultant et écrivain extrêmement réputé, déclare à ce propos :

> « Jamais, au grand jamais, jamais, jamais, jamais il ne faut promouvoir à un poste clé un humain qui ne vibre pas, qui n'émet pas une réelle intensité, qui, littéralement, n'exsude pas d'énergie. »

Comme tout être humain, vous êtes constitué d'énergie et vous en possédez. Cependant, c'est seulement quand vous parvenez à la transformer en comportement actif que les autres la ressentent vraiment. Les gens qui ont une très grande énergie – on les trouve précisément charismatiques – remplissent la salle où ils se trouvent de leur présence à la fois joyeuse, inspirée et envoûtante. Savoir gérer et recentrer son énergie personnelle est un facteur essentiel dans le fait d'être capable de laisser une impression forte et durable.

Les acteurs professionnels savent parfaitement gérer leur énergie, et prendre modèle sur eux peut s'avérer très profitable quand on cherche à devenir un leader charismatique. Ils apprennent à la laisser s'exprimer dans leur corps, leur voix et leur élocution, et savent l'utiliser dans l'espace et le temps. Il existe d'ailleurs des techniques utilisées par les acteurs, que vous-même pouvez adopter afin de faciliter votre démarche. Il ne s'agit pas, pour autant, de se transformer en acteur de théâtre. Mais vous pouvez approfondir le domaine du non-verbal, apprendre à lire le langage corporel et à décrypter les divers types de personnalité.

Confiance en soi

Très peu de leaders manquent de confiance en eux. Toutefois, si vous vous faites partie de ceux qui ressentent une trop grande différence entre leur comportement externe et leur vécu intérieur, vous devriez chercher à résoudre cette difficulté. C'est ce qui peut arriver, par exemple, si l'on est en permanence à la recherche de la perfection, ou si, tout en étant excellent technicien, on est mal à l'aise quand il faut gérer des situations ambiguës, lesquelles se présentent régulièrement quand on assure des fonctions de leader.

C'est l'un des grands paradoxes du leadership. En effet, ceux à qui s'adresse votre charisme ont besoin que vous soyez à la fois confiant et vulnérable. En acceptant de montrer votre côté vulnérable, vous prouverez que vous êtes humain et accessible, ce qui renforcera aux yeux des autres votre leadership charismatique.
Par ailleurs, la confiance dont vous ferez preuve encouragera les gens à vous croire plus aisément. Il ne faut pas s'y tromper,

la question fondamentale qu'on doit poser à ceux qui veulent devenir des leaders est la suivante : « Pourquoi quelqu'un aurait-il envie que vous le dirigiez ? »

Votre confiance en vous est-elle réelle ? Vous est-il possible de la simuler ? On le sait, de nombreux dirigeants affichent une confiance en eux impressionnante alors qu'ils sont tenaillés par le doute et l'anxiété, au fond d'eux-mêmes, se sentant presque au bord du crash. Il s'agit là d'un choix redoutable. Pourquoi ? D'une part, parce que maintenir en permanence une apparence de confiance en soi s'avère extrêmement stressant ; d'autre part, parce qu'il s'agit d'un leurre, l'assistance n'étant pour ainsi dire jamais trompée par une telle mascarade.

Accepter de montrer sa vulnérabilité est crucial.

Admettre que vous ne connaissez pas tel ou tel sujet, par exemple, est un moyen bien plus sûr d'établir votre crédibilité et de faire preuve de charisme que d'essayer de démontrer coûte que coûte que vous êtes le meilleur en tout du fait de votre situation de leader.

Reste à savoir comment faire pour acquérir la confiance en soi d'un véritable leader, celle qui poussera les gens à vous suivre. Pour cela, vous ne devez pas seulement dévoiler votre vulnérabilité et vos côtés humains, vous devez aussi faire confiance à votre instinct et faire tout simplement ce que vous croyez bon devoir faire. Bien sûr, cela suppose que vous acceptiez de faire parfois des erreurs, comme tout être humain. Les leaders qui ont confiance en eux sont des gens qui ne se

laissent pas envahir par le doute ou les regrets, sentiments pour le moins désagréables et peu constructifs. Ce phénomène bien connu chez certains dirigeants est contre-productif, tant au niveau de la capacité décisionnelle elle-même que du leadership.
Quand vous prenez une décision, il faut s'y tenir et la mettre en route. Ne vous remettez pas en question en permanence. S'il vous faut changer d'optique, changez d'optique. Si vous ne vous engagez jamais, vous serez toujours en train de changer d'avis.

Votre confiance en vous transparaîtra également dans votre façon de montrer que vous aimez diriger et que vous y trouvez du plaisir. Comment pourriez-vous attendre des preuves d'enthousiasme de la part de ceux qui vous secondent s'ils vous voient comme quelqu'un dépourvu d'énergie et de passion ? La confiance provient également du fait que vous ferez preuve de plus de courage que de crainte. Si vos subordonnés lisent sur votre visage que vous êtes inquiet ou perturbé, ils risquent de perdre confiance dans votre capacité à leur montrer la route pour aller de l'avant.

Peut-être n'êtes-vous pas encore à prêt à enfiler le costume du leader parfaitement-sûr-de-lui ?

Il est vrai que la confiance provient essentiellement de tout ce qui résulte de notre expérience, de nos tentatives et de nos erreurs. Mais vous pouvez lui donner un coup de pouce. Pour cela, vous devez accepter un principe de base, lequel consiste à regarder au fond de vous-même pour essayer de mieux comprendre ce qui vous agite lorsque des sentiments négatifs surgissent, car ces derniers peuvent miner votre charisme. Par exemple, essayez d'examiner les différents types de personnalité qui sont en vous, car certains peuvent avoir un effet majeur sur votre confiance.

TYPES DE PERSONNALITÉ

Pour apprendre à exploiter les différents types de personnalité qu'il y a en vous, il existe une manière efficace basée sur le travail des acteurs de théâtre ou de cinéma. Ces derniers savent depuis longtemps ce qui est aujourd'hui confirmé par les travaux de recherche sur les fonctions cérébrales. Le cerveau est le siège de « moi » séparés, comparables à des sous-personnalités, localisées dans des zones spécifiques de l'hémisphère gauche ou droit.

En vous, peuvent coexister un enfant, un parent, un professeur, un tyran, un plaisantin, un paresseux, un aventurier, un poète, un guerrier, un soignant, un héros, un lâche, un sage, un vendeur, etc. Ces différentes personnalités interfèrent dans la façon dont vous établissez des relations avec autrui, affectant au bout du compte votre charisme. Les leaders charismatiques s'en servent pour activer et influencer la façon dont ils sont perçus par autrui.

EXERCICE

Types de personnalité

1. Prenez une demi-heure pour faire cet exercice. Asseyez-vous dans un endroit calme, avec un stylo et un carnet de notes à portée de la main.
2. Réfléchissez aux personnages ou personnalités qui coexistent en vous et que vous connaissez le mieux. Il vous en faut au moins six. Donnez-vous le temps nécessaire pour faire votre choix, sans vous presser.
3. Notez-les sur votre carnet. Par exemple : contrôleur aérien, glandeur, mollasson, expert en efficacité, fouineur, héros...

4. Dites « bonjour » mentalement à chacun de ces personnages. Présentez-les à un auditoire imaginaire, à tour de rôle, et demandez à chacun d'eux de se décrire. Si possible, faites-le à haute voix, en vous laissant aller à être pleinement ce personnage précis. Un peu comme si, pendant ce laps de temps, vous « deveniez » cette personne.
5. Examinez maintenant chacun de ces personnages, l'un après l'autre. Quels sont ceux qui pourraient être utiles à votre charisme ?
6. Remerciez les personnages positifs pour leur soutien et invitez-les à expliquer comment ils pourraient vous aider la prochaine fois que vous voudrez faire impression sur autrui.
7. Prenez congé des personnages moins positifs et priez-les de n'apparaître que si vous leur demandez expressément de le faire.

RÉALISER SES RÊVES ET SES OBJECTIFS

Le PDG de la compagnie indienne HCL Technologies, Vineet Nayar, décida un jour de se présenter à son personnel en dansant sur une scène. Compte tenu du nombre important de personnes employées par la société – 26 000 –, il lui fallut répéter sa performance tout autour du globe dans d'innombrables théâtres et, chaque fois, devant plusieurs milliers de membres du personnel. Cette conduite, pour le moins extravagante, lui permit à la fois de capter l'attention de ses employés et d'atteindre un double but : d'une part leur faire comprendre qu'il appréciait beaucoup la liberté d'expression, et d'autre part leur montrer qu'il était un être humain comme les autres… – car, de toute évidence, c'était un piètre danseur !

Les leaders charismatiques comme Nayar ne se contentent pas de parler de leurs objectifs ; ils développent un talent spécifique pour faire sentir que leurs buts sont à portée de main, même si ce n'est pas dans l'immédiat. L'une de leurs méthodes consiste à faire toucher du doigt ce qu'ils ont en tête, en utilisant divers moyens pour que leurs rêves prennent forme auprès de ceux qui les écoutent.

Au sein d'HCL Technologies, Nayar mena par la suite une importante campagne interne dénommée « Les employés d'abord, les clients ensuite ». Ce message, qui semble à l'opposé de celui que l'on entend habituellement, avait pour but de faire comprendre que la satisfaction des employés aboutit en fin de compte à celle des clients.
Ce point de vue a d'ailleurs été adopté par Richard Branson, le PDG de Virgin. Il n'en reste pas moins que cette façon de penser provoque l'agacement de certains consultants en service clientèle, de nombreux actionnaires et de tous les adeptes de traditions en matière de services. Pourtant, la formule utilisée rend l'objectif plus concret, et, ce faisant, Nayar a permis à sa vision personnelle d'être compréhensible par tous.
Une vision à laquelle on a donné une forme concrète lui permet d'apparaître comme quelque chose d'inévitable, jusqu'à un certain point. C'est exactement ce que font les politiciens américains quand ils présentent un candidat dont ils espèrent qu'il sera « le prochain président des États-Unis ». Par le moyen de cette phrase, si souvent utilisée, ils cherchent à donner forme à leur vision et à ce qu'elle devienne réalisable.

En étudiant le mode d'expression des présidents américains, lesquels sont considérés par les historiens comme étant les plus charismatiques, on s'est rendu compte qu'ils se servaient très souvent de formules imagées. Les plus efficaces d'entre eux s'en servent davantage encore quand le discours qu'ils doivent faire est particulièrement important.

Vous pouvez aider les gens à mieux visualiser vos idées par le truchement d'exemples qui les définissent plus clairement. L'un des moyens dont vous disposez consiste à le faire à travers votre comportement personnel. Cela peut sembler évident, a priori, mais il existe encore des leaders qui oublient combien il est important de montrer la voie et de donner l'exemple de ce que l'on avance.

Sachez également que vous devez adapter la description de votre vision à votre auditoire et que, de ce fait, il vous faut utiliser différents moyens de communication. Steve Jobs, le défunt président d'Apple, s'y entendait à merveille pour partager ses visions avec ses fervents auditeurs, mêlant des connaissances techniques très pointues à une excellente compréhension des attentes du marché.

Tout ce qui vient d'être décrit correspond à ce dont se servent régulièrement les leaders charismatiques. De votre côté, il vous faudra découvrir en quoi votre personne et vos visions peuvent se révéler irrésistibles. En effet, comme le disait un expert en matière de charisme, « on ne peut pas emprunter le charisme de quelqu'un d'autre ».

COMPÉTENCES RELATIONNELLES

S'il existe un fil d'Ariane à suivre pour construire un leadership empreint de charisme, c'est l'habileté à établir des relations avec autrui. Se montrer charismatique ne signifie pas qu'il faille établir une relation avec tous ceux que vous croiserez. Le choix des individus avec lesquels vous voulez entrer en relation dépend des buts que vous poursuivez.

Les leaders charismatiques développent un talent particulier pour établir des relations interpersonnelles. On peut dire qu'ils deviennent de véritables experts quand il s'agit de se lier aux autres, d'avoir de bons rapports avec eux et d'obtenir l'attention dont ils ont besoin pour établir leur influence et leur force de persuasion.

Ce talent particulier qu'ont les leaders charismatiques pour établir de bonnes relations avec autrui, c'est d'être capable de communiquer avec passion, de se servir du langage corporel, de raconter des histoires captivantes, de faire preuve d'empathie et de passer facilement d'un registre à un autre.

EXERCICE

Établir des bonnes relations

1. Choisissez un jour précis au cours duquel vous écouterez consciencieusement les autres en vous intéressant à ce qui les motive.
2. Organisez-vous pour trouver le temps d'écouter ceux qui ne sont pas d'accord avec vous. Un PDG connu avait pour habitude de refuser de prendre une décision si tous les participants à la réunion se disaient d'accord avec lui. Il la prolongeait jusqu'à ce qu'il obtienne au moins un contre-argument.
3. Créez de multiples occasions de laisser s'exprimer des opinions divergentes de la vôtre.
4. Réfléchissez à la façon dont démontrerez aux autres que vous vous intéressez à ce qu'ils pensent, bien qu'étant leur leader.
5. Soyez souriant et recherchez le contact visuel avec autrui.
6. Soyez plus habile dans la formulation de vos arguments, de telle sorte que vous puissiez les exprimer sous des formes différentes, adaptées aux personnes auxquelles ils sont destinés.

UTILISER DES MOYENS DE PERSUASION HORS DU COMMUN

Il y a plus de 2 000 ans, Aristote décrivait déjà des techniques de persuasion qui n'ont cessé de se perfectionner depuis. Les leaders charismatiques se montrent très habiles pour se vendre eux-mêmes ainsi que leurs idées.
Au sein de certaines organisations, ils sont souvent experts dans leur sphère d'influence. Tout d'abord, ils excellent quand il s'agit de montrer ce qui ne va pas, par exemple l'inadéquation de la technologie existante ou l'incapacité du système en cours à obtenir des résultats tangibles.

Les leaders charismatiques se montrent très habiles pour se vendre eux-mêmes ainsi que leurs idées.

Ils se montrent tout aussi excellents quand il s'agit de remettre en question l'ordre existant, recourant si besoin à des moyens non conventionnels. Cette action peut relever d'un style entrepreneurial, bien sûr, mais également prendre source dans leur perspicacité et leur imagination, aboutissant à de nouvelles stratégies.
Par exemple, lorsque James Dyson eut l'idée que les ventilateurs pouvaient fonctionner sans ailettes rotatives, tout laissait croire que sa perception manquait d'intuition ! C'était bien avant qu'il ne fabrique le premier modèle sans ailettes, lequel se révéla plus efficace que les modèles existants.

Les sept moyens qu'ont les leaders charismatiques de faire passer leurs idées

1. **Établir la confiance :** Donnez une bonne raison aux autres de suivre vos idées. Efforcez-vous de devenir le type d'individu sur lequel on peut compter et que l'on considère comme un expert, ou un sage.

2. **Utilisez le bon langage corporel** et la bonne tonalité de voix. Ceux-ci devraient vous permettre de montrer pourquoi les gens doivent vous respecter et vous faire confiance. (Voir le chapitre 12.)

3. **Faites preuve de confiance en vous.** Les gens veulent des leaders qui ont confiance en eux. Ce qu'ils attendent de vous, c'est que vous les fassiez aller de l'avant et que vous leur montriez la voie. La confiance en soi, réelle ou feinte, peut s'avérer plus importante que les compétences, aux yeux des autres.

4. **Soyez très compréhensible.** Vous devez être capable d'expliciter le contexte dans lequel vous voulez atteindre vos buts ou réaliser votre vision et de clarifier vos propres motivations, c'est-à-dire la raison pour laquelle ce sujet vous tient tellement à cœur. N'oubliez pas d'utiliser un langage attractif en privilégiant une description imagée des choses, en vous servant de comparaisons parlantes, d'histoires intéressantes, de métaphores émouvantes et autres analogies qui captent l'attention de l'auditoire.

5. **Occupez le devant de la scène.** N'hésitez pas à vous exposer sous les projecteurs quand vous voulez marquer un point, en particulier si vous êtes confronté au scepticisme ou à une résistance (voir ci-dessous).

6. **Assumez vos responsabilités** (voir ci-dessous).

7. **Adoptez une attitude non conventionnelle :** les leaders charismatiques choisissent souvent de se comporter de façon innovante quand ils veulent se montrer persuasifs, afin de contrer les habitudes déjà en place.

SAVOIR OCCUPER LE DEVANT DE LA SCÈNE

Dans le film *le Diable s'habille en Prada* (2006), il y a un passage marquant, celui où l'on voit la puissante directrice du journal de mode assise à l'arrière de sa limousine, tandis qu'à l'extérieur de la voiture les curieux se bousculent pour essayer de jeter un coup d'œil. Elle dit alors à son assistante que, bien sûr, « tout le monde voudrait être à notre place ». En réalité, au même moment, son assistante est en train de penser complètement différemment. Il arrive parfois que certains leaders charismatiques soient incapables de concevoir un monde dans lequel ils ne focaliseraient pas l'attention de tout le monde.

Les leaders qui laissent une impression durable font un certain nombre de choses pour défendre leurs convictions profondes.

- **Premièrement,** ils s'attendent à se retrouver sous les sunlights. Ils tiennent pour acquis le fait que tout le monde veuille les rencontrer et les écouter, et agissent donc en conséquence. Regardez par exemple la façon dont se comporte un leader ayant beaucoup de réussite quand il se présente au bureau d'accueil d'un meeting. Si on lui propose d'aller s'asseoir à sa place, le leader préfère généralement rester à côté du bureau, tout en montrant son impatience et avec l'air de dire : « Je suis

quelqu'un d'important, et, à ce titre, je considère que l'on me doit certains égards. »
Comportez-vous comme s'il vous incombait de diriger votre public. Faites en sorte qu'au lieu de signifier un quelconque « Je me demande si les gens vont faire attention à ce que j'ai à leur dire », votre comportement évoque l'assurance de celui que tout le monde aura naturellement envie d'écouter pour savoir ce qu'il pense, sans même se poser de questions.
Veillez toutefois à conserver une attitude calme et confiante, en évitant de faire preuve d'arrogance et en prenant soin de ne pas vous montrer indifférent aux autres, uniquement focalisé sur ce que vous avez à dire.

- **En deuxième lieu,** les leaders dont le charisme est impressionnant sont des êtres courageux. Ils cherchent à renverser les tendances, à faire bouger les choses, et sont prêts à exprimer un avis contraire à celui de tout le monde. On peut ici parler de charisme actif, d'une aptitude à paraître différent des autres et à se faire remarquer, voire même à passer pour quelqu'un d'extrêmement obstiné.

- **En dernier lieu,** même s'il traverse une phase de repli sur soi et d'autoconcentration, un vrai leader charismatique est incapable de ne pas expliquer ce qu'il a en tête et il continue à vouloir partager avec autrui ce qu'il souhaite réussir.

EXERCICE

Se mettre en valeur

1. Agissez comme si tout le monde était impatient d'entendre ce que vous avez à dire.
2. Soyez prêt à défendre un point de vue contraire et maintenez-le, même si vous avez en face de vous des gens qui ne sont pas d'accord.

3. Exigez qu'on respecte le temps qui vous est imparti, lors d'une réunion, sans attendre obligatoirement qu'on vous demande de vous exprimer.
4. Réfléchissez à toute nouvelle situation ou rencontre en vous demandant : « Comment puis-je apporter un élément qui fasse la différence ? »
5. Une fois que vous avez capté l'attention du public, servez-vous de votre humour et de votre capacité à raconter des histoires passionnantes pour que les gens continuent à s'intéresser à ce que vous dites.
6. Épurez votre message pour n'en garder que l'aspect le plus important et faites en sorte de vous l'approprier au point qu'il devienne une partie de vous-même.

ASSUMER SES RESPONSABILITÉS

Louis V. Gerstner, leader charismatique largement reconnu, n'avait rien d'un technocrate lorsqu'au début des années 90, il accepta le défi de transformer IBM, compagnie hautement technocratique alors en plein déclin. Sa forme personnelle de charisme tenait à un mélange de dynamisme, de motivation, d'intégrité, de confiance en soi, d'intelligence, de connaissances économiques et d'intelligence émotionnelle. À cela s'ajoutaient d'autres compétences tout aussi décisives, telles que sa ténacité, son ouverture d'esprit, son assurance et sa fiabilité.

Il était donc prêt à assumer ses responsabilités. Tout d'abord, il était primordial à ses yeux que rien ne soit laissé de côté, que les tâches soient exécutées, que la stratégie ne soit

pas seulement pensée mais mise en œuvre. C'est ainsi qu'il a réussi à mettre en place une culture d'entreprise basée sur la performance, grâce à une meilleure définition des buts à atteindre, de la prise en compte des résultats et de la transparence des méthodes.
Les leaders charismatiques sont souvent des réformateurs qui, comme Gerstner, sont prêts à aller de l'avant pour faire bouger les choses. On les entend dire des phrases comme :

- « Je ferai cela »,
- « Laissez-moi m'en occuper »,
- « Je vais voir de quoi il s'agit »,
- « Il doit y avoir une autre façon de s'y prendre », etc.

Les leaders charismatiques acquièrent en outre la réputation de ne pas faire partie de ceux qui lâchent prise facilement.

Cela signifie que si les événements tournent mal ou qu'un point particulier nécessite une intervention, ils ne vont pas tourner les talons pour aller voir ailleurs. Quand quelque chose ne va pas, au contraire, ils parlent franchement et se démènent pour trouver une solution. Prendre ses responsabilités, à leurs yeux, c'est savoir prendre des décisions difficiles et les défendre coûte que coûte. C'est aussi se montrer capable, à tout moment, d'être informé de mauvaises nouvelles ou de difficultés diverses sans en rendre responsables ceux qui ont su les identifier. Cette attitude encouragera les autres à venir vous voir pour partager leur point de vue.

Richard Branson, par exemple, a toujours avec lui un carnet de notes dans lequel il inscrit toutes les informations qui lui sont transmises, que ce soit par des membres du personnel ou des clients. À la tête d'une entreprise qui compte plus de 35 000 personnes, il reçoit au moins 50 mails par jour de salariés qui, bien que ne faisant pas partie de l'équipe des managers, cherchent à attirer son attention sur des points qui leur semblent mériter qu'on s'y intéresse.
Or le PDG de Virgin traite chacun de ces messages, soit en y répondant personnellement, soit en trouvant un moyen d'agir pour remédier au problème qu'ils soulèvent.

FAIRE SEMBLANT D'AVOIR DU CHARISME ?

Des leaders mal informés, impatients ou même désespérés nous demandent parfois : « Est-ce que je peux faire semblant d'avoir du charisme ? » Sans doute parce que des coachs individuels, ne sachant plus quoi faire pour les aider, leur ont dit qu'ils manquaient singulièrement de charisme. L'approche de ces coachs repose alors sur deux principes simples :

1. Se servir d'émotions anciennes dans le but de modifier le comportement extérieur.
2. Adopter des postures corporelles affirmées dans le but de provoquer un changement hormonal, lequel pourrait influencer le vécu émotionnel et la façon dont on est perçu par autrui.

Émotions passées

Les acteurs professionnels ont l'habitude de puiser dans leurs émotions passées pour recréer, lorsqu'ils jouent, les effets qui les accompagnent. Cette méthode passe tout d'abord par

l'identification d'émotions passées signifiantes qu'on revivra par la suite aussi souvent que nécessaire jusqu'à ce qu'elles redeviennent réelles.
Les leaders peuvent utiliser la même technique. Pendant quelque temps, elle leur permettra d'afficher une certaine confiance et, à travers cela, d'avoir l'air de posséder un certain charisme, du moins en apparence.

Prenons un cas pratique

Vous pensez à un événement passé où vous aviez ressenti de l'enthousiasme et où vous étiez plein de confiance et d'énergie. Vous commencez par vous entraînez à « revivre » cette expérience afin de la rendre réelle et de pouvoir l'utiliser lors d'un contact avec d'autres personnes. C'est parce que vous revivez une émotion « réelle » que vous êtes susceptible de vous montrer convaincant – alors qu'en essayant seulement d'avoir le comportement requis, vous auriez bien moins de chances d'y arriver. Néanmoins, il faut savoir que cette approche nécessite un entraînement régulier et de longue haleine.

Postures affirmées

Vous pouvez également, en alternance, opter pour des **postures corporelles positives, ou affirmées**, qui émettent un message de confiance en soi, de puissance et d'énergie. Par exemple, vous pouvez vous tenir en position debout, avec les épaules en arrière, la tête redressée, les mains sur les hanches, etc.

Cela pourra vous paraître étrange, mais on suppose aujourd'hui que le simple fait d'opter pour une posture positive est capable de provoquer des changements dans le cerveau, et qu'il n'est pas impossible que cela puisse provoquer des modifications hormonales reliées au pouvoir, au caractère dominant et au sentiment d'être sûr de soi.

> Si votre corps se comporte comme celui de quelqu'un qui a confiance en lui et qui montre du caractère, cela vous pousse progressivement à vous sentir ainsi.

Dans la mesure où les sentiments ont plus d'effet sur les gens qui vous écoutent que les paroles que vous leur dites, ces postures corporelles « forcées » peuvent tout à fait vous aider à avoir un impact plus fort que celui dont, intérieurement, vous vous sentiez capable.

Vous comporter comme si vous étiez confiant, énergique et intéressé – charismatique, en un mot – est assez facile, en l'occurrence. Ce qui importe, d'une certaine manière, c'est de vous persuader de votre capacité à vous comporter de façon convaincante.
Si vous parvenez à croire que vous faites preuve de charisme à travers vos postures corporelles, il y a de bonnes chances pour que les autres vous perçoivent également de cette façon.

Néanmoins, de même que pour le sourire forcé, il ne faut pas oublier que les gens que vous rencontrez ont une capacité innée à détecter ce qui est faux et ne rime à rien. La plupart

du temps, d'ailleurs, les gens sont incapables d'expliquer pourquoi ils ont ce pouvoir. Ils savent tout simplement reconnaître ce type de comportement.
Faire semblant d'être charismatique est donc techniquement possible, même si les leaders qui s'appuient sur cette méthode sont en général rapidement démasqués.

SAVOIR SE DÉBROUILLER SANS CHARISME

« Je ne suis pas quelqu'un qui a le culte de la personnalité », dit Bart Becht, l'homme qui a créé des marques telles que le cirage Mr Sheen, la crème Clearasil et le détartrant Cillit Bang. « En général, les hauts dirigeants cherchent à se mettre en avant grâce à leur réussite, mais, en l'occurrence, cela serait un message erroné... Ce que je fais ne relève en rien d'un one man show. »

À l'époque où il dirigeait le groupe Reckitt Benckiser, Bart Becht était connu pour être un bourreau de travail qui, par ailleurs, détestait cordialement les interviews. Depuis 2011, il occupe un poste un peu moins important en tant que PDG de l'une des marques du groupe. Bien qu'ayant passé plus de dix ans à la tête de la société de produits ménagers qu'il avait créée, on ne peut pas dire qu'il était considéré par le public comme un leader charismatique.

Des leaders tels que Bart Becht, Marjorie Scardino (ex-PDG du groupe Pearson) et Richard Cousins (PDG du groupe Compass, compagnie internationale de services de restauration) restent bien en deçà du champ de la célébrité, or tous trois n'ont cessé d'obtenir des résultats commerciaux exceptionnels tout au long de leur carrière.

Les sociétés ne veulent pas toutes avoir à leur tête des leaders charismatiques dont elles n'éprouvent parfois nul besoin. Certaines s'en gardent bien, même, après les avoir testés et s'être rendu compte à quel point ils pouvaient se montrer autoritaires, égocentrés et parfois despotiques.

Parler d'un leader qui aurait une grande réussite professionnelle et serait dépourvu de charisme peut sembler paradoxal. Pourtant, cela existe.
Faut-il donc arrêter de se compliquer la vie en cherchant à avoir plus de charisme ? Non, sans doute.
Car, d'un autre côté, la grande majorité des leaders ayant du succès se servent bel et bien de leur charisme afin d'avoir plus d'impact sur autrui...

Le leadership sans charisme

- Appuyez-vous sur des faits, non sur des mots.
- Faites en sorte d'obtenir des résultats.
- Ne vous souciez pas de votre apparence.
- Soyez essentiellement concerné par le fait de bien agir.
- Ne cédez pas face à l'adversité.
- Soyez capable de prendre des décisions difficiles.
- Ne vous défilez pas si les choses tournent mal.

Toutefois, il faut bien reconnaître qu'avoir du charisme facilite la tâche d'un leader.

À notre époque où la globalisation a rendu l'économie hautement concurrentielle, les leaders ont besoin d'insuffler encore plus d'énergie à leurs troupes. Ils doivent les encourager à atteindre l'impossible, leur faire comprendre pourquoi il est nécessaire d'évoluer en permanence et leur expliquer, avec un zeste de passion, en quoi elles sont impliquées dans les résultats au même titre que l'entreprise. Il est toujours possible de le faire sans avoir de charisme, naturellement, mais cette alternative exige un temps beaucoup plus long, que les sociétés actuelles peuvent de moins en moins se permettre de gaspiller.

14. COMMENT PRATIQUER **NOTRE MÉTHODE** ?

Si vous vous croyez trop petit pour avoir de l'impact sur autrui, essayez donc de vous mettre au lit avec un moustique.

Anita Roddick, fondatrice de la marque The Body Shop.

Notre méthode d'apprentissage est assez douce, assez facile d'approche, et tant que vous aurez à l'esprit les trois critères essentiels du charisme : « Objectifs », « Être soi-même », «Alchimie », vous ferez des progrès réguliers en ayant une conscience croissante de ce qui permet de produire une impression forte et durable.

Facilité d'élocution
Confiance
Présence
Authenticité
Courage
Passion
Maintien

Vous ne pourrez sûrement pas vous attaquer à tous ces critères à la fois ; c'est pourquoi il est utile de définir votre profil (voir le chapitre 2) afin de savoir par où commencer.
Grosso modo, vous avez deux façons essentielles de procéder :
1. Vous focaliser sur vos points forts et chercher à les améliorer.
2. Identifier les zones de faiblesse ou les points qui ont besoin d'être développés et vous y atteler.

C'est à vous seul de décider par où commencer, bien sûr, mais sachez qu'en général, c'est en combinant les deux qu'on obtient les meilleurs résultats.

Vous pouvez piocher à votre gré dans les différents aspects de notre méthode, en fonction de ce qui vous semble le plus approprié, mais il pourrait aussi être efficace d'utiliser en même temps le processus en quatre étapes :

Étape 1 : **PRÉPAREZ** la façon dont vous allez communiquer avec les autres, tout en gardant bien à l'esprit l'équation « Objectifs »/ « Être soi-même »/ « Alchimie »

Étape 2 : **SÉLECTIONNEZ**, parmi les trois critères essentiels du charisme, certains comportements et/ou certaines qualités

que vous avez choisi de développer. Par exemple : confiance, passion, capacité à établir des rapports avec autrui, alchimie, etc.
Choisissez un certain nombre d'actions pratiques que vous pourriez mettre en œuvre dans la vie réelle.

Étape 3 : **EXPÉRIMENTEZ** une ou plusieurs de ces nouvelles façons d'interagir avec autrui, par exemple en utilisant plus de questions ouvertes, en écoutant plus attentivement, en évitant d'utiliser un discours de victime...

Étape 4 : **ÉTUDIEZ** les résultats de vos expériences. Cherchez comment vous pourriez aller plus loin.

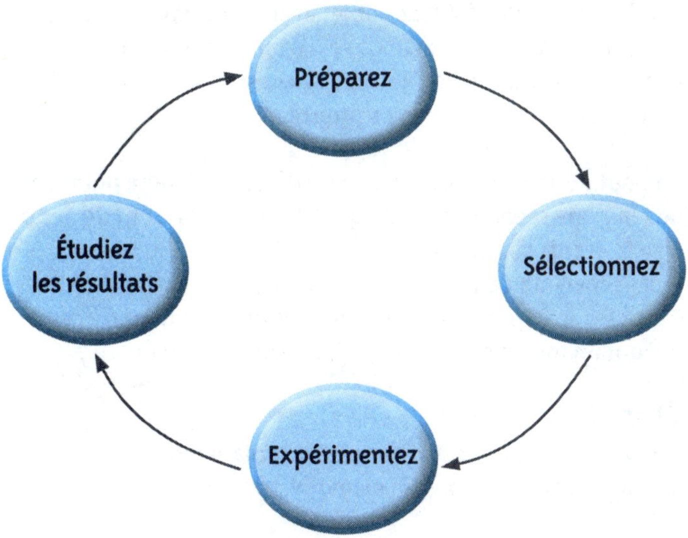

Notre méthode d'apprentissage s'intégrant progressivement à la façon dont vous interagissez avec autrui, il n'y a nul besoin de vouloir vous précipiter.

Ciblez les différents problèmes auxquels il faut vous atteler et tentez de progresser de façon régulière, peu à peu, au lieu de laisser s'installer de longues périodes inactives entre vos diverses tentatives. Au fur et à mesure des interactions quotidiennes que vous rencontrez, n'oubliez pas de chercher à comprendre ce qui se passe et l'effet que vous pensez avoir sur autrui. Voyez comment votre auditoire semble réagir, ressentir ou penser, tout en étant attentif à la dynamique relationnelle en jeu.

Au début, il n'est pas impossible que vous trouviez tout ceci un peu déstabilisant, car vous devrez penser à beaucoup de choses à la fois. Mais c'est souvent ce qui arrive à ceux qui cherchent à développer leur potentiel. Par conséquent, plutôt que de vous fixer des objectifs irréalistes qui seraient rapidement abandonnés, essaye d'avancer pas à pas, en en faisant constamment de nouveaux essais et en dressant régulièrement le bilan de vos progrès.

Au bout du compte, cette méthode d'apprentissage finira par devenir une seconde nature. Après tout, il vous suffit de penser à : « Objectifs », « Être soi-même », « Alchimie », et de vous focaliser en même temps sur l'un des points qui en découlent. C'est ce que font de manière automatique la plupart de ceux qui ont un fort impact sur autrui, presque sans y penser.

Établir un planning d'action

Il peut être utile de mettre en place un planning hebdomadaire. Prenons un exemple.

- **Le lundi,** vous faites tout particulièrement attention à vos « Objectifs » en matière de communication. Vous examinez ce qui se passe lors de situations diverses et vous cherchez à vérifier si vous vous exprimez de façon claire et si les autres semblent comprendre facilement vos messages et vos intentions.

- **Le mardi,** vous choisissez de porter votre attention sur l'un des comportements que vous avez sélectionnés dans la rubrique « Être soi-même ». Par exemple, vous pouvez décider de travailler la présence, et plus précisément, le « code de conduite de la présence », décrit au chapitre 5.

- **Le mercredi,** toujours dans la même rubrique, vous sélectionnez un autre comportement parmi ceux qu'il vous faut travailler. Par exemple, vous pourriez décider aujourd'hui d'explorer votre intuition.

- **Le jeudi et le vendredi,** vous vous consacrez à un ou deux éléments de la rubrique « Alchimie », que ce soit l'attention, l'interdépendance ou le rapport avec autrui.

- **Pendant le week-end,** revoyez les trois critères essentiels du charisme et passez en revue ce qui s'est produit pendant la semaine écoulée. Qu'avez vous appris en mettant en œuvre cette méthode ? Cela a-t-il de l'effet sur votre impact personnel ?

Vous pouvez aussi adopter un programme tournant, en vous focalisant la première semaine sur les « Objectifs », la deuxième sur « Être soi-même », la troisième sur « Alchimie », et ainsi de suite. Mais, quel que soit le programme choisi, il vous faudra l'appliquer pendant plusieurs semaines pour faire les expériences nécessaires et apprécier les résultats obtenus.

Créer son alchimie personnelle

L'alchimie représente la part la plus délicate du travail à accomplir pour développer son charisme. Contrairement aux rubriques « Objectifs » ou « Être soi-même », on ne peut pas faire des exercices d'« Alchimie ». Il ne s'agit nullement d'un comportement établi qu'il suffirait d'adopter, mais d'un processus à double sens qui génère la relation avec votre auditoire.

Maintenant que vous avez mieux compris ce qui crée l'alchimie, voici quelques actions pratiques que vous pouvez initier quand vous utilisez notre méthode, et ceci quelle que soit la situation à gérer.

Pendant votre échange avec d'autres personnes, essayez de vous rappeler les éléments de base et utilisez-les, mentalement, comme s'il s'agissait d'une check-list vous permettant d'évaluer ce qui se joue à ce moment présent, en vous posant les questions suivantes :

- **Est-ce que je mets vraiment toute mon énergie dans cette relation ?** Qu'est-ce qui pourrait m'empêcher de le faire ?
- **Est-ce que je cherche vraiment à améliorer mon rapport avec autrui ?** Dans le cas contraire, à quoi est-ce dû ?

Le simple fait de penser à cela pendant un échange avec d'autres aiguise votre conscience de ce qui est en train de se produire. Grâce à cette prise de conscience, vous comprendrez mieux ce que vous devez faire pour influencer positivement la dynamique relationnelle en cours.

EN PROGRESSION CONSTANTE

Si vous êtes arrivé jusqu'ici, vous avez maintenant accès aux outils essentiels dont vous avez besoin pour transformer votre charisme. Vous conviendrez avec moi qu'il est presque impossible d'améliorer sa condition physique en passant seulement quelques heures dans un gymnase. Il vaut mieux le faire de manière progressive, mais régulière, si vous souhaitez obtenir une amélioration notable. Les mêmes principes s'appliquent au développement de votre impact sur autrui. Ce sont les petits changements progressifs qui sont les plus efficaces.

Ce livre ne saurait être considéré comme un livre de recettes, mais plutôt comme un guide général destiné à vous aider sur la façon d'initier un processus continu de développement personnel. C'est au fur et à mesure des expériences que vous ferez et des leçons que vous en tirerez que vous développerez votre impact sur autrui.
Nous vivons une ère dont l'une des principales caractéristiques est d'être soumise à un rythme de changement de plus en plus rapide. Nous appartenons à part entière à ce système et, si nous ne voulons pas être laissés sur le bord de la route, en tant qu'individus, nous devons nous aussi nous montrer capables de changer à un rythme accéléré.

Au départ, chacun de nous possède une capacité naturelle à avoir du charisme. Simplement, cette capacité n'est peut-être pas à son niveau optimal, comme vous le souhaiteriez. Commencez par expérimenter certaines des notions qui sont soulignées dans ce livre. Certaines vont marcher, et vous serez peut-être surpris de voir à quel point elles sont efficaces ; d'autres vous paraîtront plus difficiles, au point qu'il vous faudra parfois chercher l'appui d'amis ou de collègues. Mais, au bout du compte, toutes vous seront utiles à condition d'être appliquées au bon moment.

Votre charisme n'est pas quelque chose de figé ; il a un potentiel illimité de croissance et de développement, en fonction de votre implication et de votre volonté à initier des actions positives.

Une fois par an, un golfeur très réputé rendait visite à l'un de ses amis, lui-même entraîneur de golf, et, jouant le rôle du débutant, il lui disait : « Apprends-moi à jouer au golf. » Tout comme ce champion, les gens qui excellent dans leur domaine et sont capables de laisser aux autres une impression forte et durable sont ceux qui continuent à chercher de nouveaux moyens d'améliorer leur impact.

Dans la mesure où il n'existe pas de voie unique pour avoir un impact percutant sur autrui, ces conseils vous ouvrent tout un univers de possibilités pour utiliser au mieux, et à votre façon, la méthode de ce livre. Graduellement, vous découvrirez ce qui fonctionne bien pour vous, et ce qui fonctionne moins bien. Comme avec toutes les méthodes de développement personnel, c'est la pratique qui vous fera progresser.

Améliorer votre charisme devrait figurer tout en haut de votre liste de priorités. Non pas pour des raisons égoïstes, mais parce que c'est ce qui vous aidera à réussir, que ce soit dans votre carrière ou dans toute autre cause que vous entreprendrez.

Notre méthode n'est ni une solution magique ni une panacée. Toutefois, elle peut vous pousser à saisir toutes les opportunités qui vous seront offertes de faire une impression plus forte, dans une époque où le fait de bien communiquer est devenu une qualité essentielle.

Comme me le disait une personne qui a gentiment accepté de lire l'avant-projet de ce livre : « Je suis devenu tellement plus conscient de la façon dont les autres se comportent ; j'ai aussi commencé à surveiller avec tant d'attention mon propre comportement ! »

Bonne chance !

BIBLIOGRAPHIE

VIE DE L'ENTREPRISE, VIE QUOTIDIENNE

- **Karine Averseng,**
Ces 5 minutes qui comptent dans l'entretien d'embauche,
« Poche », Larousse, 2013.

- **Isabelle Duvernois,**
Décoder le langage du corps,
« Poche », Larousse, 2013.

- **Jean-Paul Guedj,**
– *les 50 règles d'or pour parler en public,*
« Mini », Larousse, 2013 ;
– *les 50 règles d'or du management,*
« Mini » Larousse, 2012 ;
– les *50 règles d'or de la (sur)vie en entreprise,*
« Mini », Larousse, 2012 ;
– *les 50 règles d'or de la négociation,*
« Mini », Larousse, 2012.

- **Chilina Hills,**
Cultivez votre charisme,
éditions d'Organisation, 2013.

- **Géraldine Prévot-Gigant,**
50 exercices pour développer son charisme,
Eyrolles, 2010.

HISTOIRE ET POLITIQUE

Deux ouvrages de référence :

- **Ian Kershaw,**
Hitler, essai sur le charisme en politique,
« Poche », Gallimard, 2001.

- **Max Weber,**
le Savant et le politique,
« 10/18 », 2002, (1re édition, 1919).

Photogravure : Apexgraphic
Imprimé en France par Jouve
Dépôt légal : septembre 2018
321999 - 11038655 - juillet 2018
N° d'impression : 2764744D